JN074086

弁理士

スタートアップテキスト 第2版

伊藤隆治 著

スタディング 監修

中央経済社

第2版刊行にあたって

　本書の目的は，知的財産に関する制度の全体像とポイントを短時間で理解していただくことにあります。知的財産の学習が初めての方でも，ストレスなく読むことができる内容となっています。

　本書が対象とするのは主に以下の方々です。

- 弁理士試験の学習を始める方
- 弁理士を目指すか迷っている方
- 企業で知的財産を担当することとなった方
- 知的財産を活用したい経営者の方

　弁理士試験の受験をお考えの方は，本書を読むことで，弁理士試験の**学習をスムーズに軌道に乗せる**ことができます。また，知的財産を扱う仕事をこれから始める方は，知的財産の活用に**必要な知識を効率的に身につける**ことができます。

　本書は知的財産の入門書ではありますが，**根拠となる法律・条文番号・判例**も記載しているため，本書を足掛かりとして，さらに知識を深めることも可能です。

　おかげさまで多くの方に手にとっていただき，「弁理士試験の入門，新米知財部員の学びに最適の書」と高評を得，第2版刊行の運びとなりました。本書によって知的財産がより多くの人に理解され，知的財産の創出・活用の一助となれば幸いです。

2023年夏

伊藤隆治

本書の特長

1．「ひと言でいうと？」の答えがある

　知的財産制度には難解な規定が多く設けられており，**最初からそのままの形で理解するのは不可能**です。

　本書では，各制度について，「ひと言でいうと？」の答えを，**誰にでもわかりやすい言葉で解説**しています。

2．知識と知識がつながる

　知的財産には，発明・実用新案・意匠・商標・著作物などがあり，それぞれ異なる制度によって保護が図られています。

　本書では，これらの**異なる制度を比較**しながら，各制度が異なる理由を理解することで，**丸暗記に頼らない学習**を可能としています。

3．短時間で身に付く

　本書では，**図表や事例を多用**し，情報密度の高い表現を採用することで，文字数を可能な限り少なくしています。

　これにより，直感的に理解しやすく，短時間で多くの知識を得ることを可能としています。

4．必要な部分だけでも理解できる

　本書は，テーマごとに完結する構成としているため，最初から順に読み進める必要はありません。

　必要な部分だけ読む，興味のある部分だけ読むといった使用方法も可能です。

本書の使い方

本書は，各項目2頁の細切れの構成。5分程度でサクッと読むことができます。ページの下のほうに まとめcheck があり，読んだことが頭に入っているかどうか確認できます。

6

2-1 特許制度の概要

1 特許法の目的

　特許法は，発明を奨励し，産業の発達につなげることを目的として設けられています（特許法1条）。

　産業の発達のためには，発明が新たな発明の基礎とされたり，発明が産業において利用されたりすることが必要となります。

　しかし，産業において誰でも発明を自由に利用できることとすれば，発明者の利益が害され，発明意欲が失われることになります。

　そこで，特許法は，発明の保護と発明の利用のバランスを取り，発明者の利益を保護しながらも，発明が産業において利用されやすい制度を規定しています。

図表が豊富。
ひと目で理解できる。

2 発明の保護

　特許法は，発明者の利益を保護するため，以下を規定しています。

(1) 特許権の付与

　発明を独占的に利用できる権利を発明者~~~~~~~~~~の盗用を防ぎ，発明者が発明によって経済~~~~~~~~~~す（特許法68条）。

各単元の重要ポイントを
チェックします。

まとめcheck　特許権の存続期間は，原則として，特許出願の日から20年で終了する。〇か×か。

弁理士の仕事の魅力

1．仕事満足度No.1

知的財産に関する職種の仕事満足度は高く，某転職サイトが調査した仕事満足度ランキングにおいて，全90職種中で1位に輝いたこともあります。

理由としては，**待遇のよさ**，**専門性の高さ**，**やりがいの大きさ**，**転職のしやすさ**等が考えられます。

2．1万人に1人の希少性

知的財産が注目されているにもかかわらず，日本の弁理士数は約1.2万人と，日本人の1万人に1人にも満たない数しか存在しません。弁理士となるだけで「1万人に1人」の人材になれます。

また，ご自身の**得意分野と弁理士を掛け合わせ**，例えば，「弁理士×IT」，「弁理士×ドイツ語」とすることで，「数十万人に1人」，「数百万人に1人」の人材になることもできます。

3．顧客の夢の実現を支援する仕事

「自分の発明について特許を取得して商品化したい！」，「新しいブランドを立ち上げたい！」といった顧客の夢の実現のために，**特許等の手続を代理**するのが弁理士の仕事です。

4．独立可能な仕事

理系人の多い資格としては珍しく，事務所を経営する弁理士の割合は高く，**約35%**となっています（日本弁理士会会員の分布状況より）。

弁理士試験の概要

1．弁理士になる方法

弁理士になるためには，下記①〜③のいずれかの後，実務修習を修了し，弁理士登録を受ける必要があります。

- ① 弁理士試験に合格する
- ② 弁護士となる資格を取得する
- ③ 特許庁において，7年以上，審判官又は審査官として審判又は審査の事務に従事する

2．受験資格

弁理士試験には，学歴，年齢，国籍等による受験資格の制限は一切ありません。しかし，未成年者や禁錮以上の刑に処せられた人は，試験に合格しても，弁理士登録を受けることができません（弁理士法8条）。

3．弁理士試験の流れ

弁理士試験は，例年，以下のスケジュールで行われます。

3月中旬〜4月上旬	受験願書提出
5月中旬〜下旬	短答式筆記試験
6月上旬〜中旬	合格発表（短答式）
6月下旬〜7月上旬	論文式筆記試験（必須科目）
7月中旬〜7月下旬	論文式筆記試験（選択科目）
9月中旬頃	合格発表（論文式）
10月中旬〜下旬	口述試験
10月下旬〜11月上旬	最終合格発表

4．短答式試験

解答方式	五枝択一・マークシート方式（全60問）
出題科目	特許・実用新案，意匠，商標に関する法令，工業所有権に関する条約，著作権法及び不正競争防止法
試験時間	3.5時間
免除制度	短答式試験の合格による２年間免除等。例えば，短答式試験に合格した年に論文式試験・口述試験に合格できなくても，翌年と翌々年は短答式試験が免除される。

5．論文式試験（必須科目）

解答方式	記述式（弁理士試験用法文の貸与あり）
出題科目	特許・実用新案，意匠，商標に関する法令
試験時間	特許・実用新案：２時間，意匠：1.5時間，商標：1.5時間
免除制度	論文式試験（必須科目）の合格による２年間免除等

6．論文式試験（選択科目）

解答方式	記述式（法律科目のみ弁理士試験用法文の貸与あり）
出題科目	以下の技術又は法律に関する科目から選択 　　理工Ｉ（機械・応用力学），理工ＩＩ（数学・物理） 　　理工ＩＩＩ（化学），理工ＩＶ（生物），理工Ｖ（情報）， 　　法律（弁理士の業務に関する法律）
試験時間	1.5時間
免除制度	論文式試験（選択科目）の合格による永久免除等

7．口述試験

試験形式	面接形式（許可を得て弁理士試験用法文の参照可）
出題科目	特許・実用新案，意匠，商標に関する法令
試験時間	特許・実用新案10分，意匠10分，商標10分

短答式試験の学習方法

1. 短答式試験で問われること

短答式試験で問われるのは，主に以下の点です。

① 法律・条約の条文を理解しているか，覚えているか
② 具体的な事例において法的な判断が適切に行えるか
③ 判例を理解しているか，覚えているか

学説（学者が唱える法律の解釈）について直接問われることは稀です。

2. 条文・判例の理解

短答式試験で問われる条文・判例（裁判所が示した解釈）は，丸暗記をする必要はありませんが，ある程度の内容は覚えておく必要があります。条文・判例は難解なものも多いので，最初に行うべきことは，条文・判例を理解することです。

3. 過去問

条文・判例を理解したら，過去問を解きます。最初は解けなくて当たり前なので，問題と解答を読むだけでも大丈夫です。その後は，できれば10年分，**少なくとも5年分**を，解けない問題を減らすように繰り返し解きます。

4. 条文の読み込み

短答式試験においては，毎年，新しい問題が出題されていますので，過去問が解けても，合格できるとは限りません。過去に問われていない条文も含めて，条文を繰り返し読み，条文の内容を把握しておく必要があります。

論文式試験（必須科目）の学習方法

1．論文式試験で問われること

論文式試験（必須科目）で問われるのは，主に以下の点です。

① 具体的な事例において，妥当な結論と，結論に至る過程（考え方）を論理的に記述できるか。
② 法律の趣旨・解釈を論理的に説明できるか。

論文式試験においては，短答式試験で身につけた知識をベースに，短時間で論理的な文章を書けるようにするトレーニングが必要になります。

2．パターン学習

論文式試験の問題は，概ね15のパターンに分けることができ，その**パターンに応じた答案の書き方**があります。パターンに応じた書き方を身につけることで，論理的な文章をスピーディに書けるようになります。

3．判例の記憶

論文式試験においては法文集が貸与されるため，法文集に記載されていることを覚える必要はありません。しかし，**判例は法文集に記載されていないため，論文で記述すべき箇所を覚えておく必要**があります。

4．答案作成練習

過去問などの問題について，試験と同じ制限時間で答案を書く練習をするのが基本となります。また，習熟度や学習の目的に応じて，**時間制限を設けずに答案を書く，答案の骨子のみ作る**といった学習方法も有効です。

口述試験の学習方法

1．口述試験で問われること

　条文，趣旨，判例，事例に関する問題が出題されます。例年，ホテルの部屋で試験委員2名と受験生がテーブルを挟んで座った状態で口頭試問を行います。テーブルの上には弁理士試験用法文が置かれ，試験委員の許可を得て参照することができます。事例形式の問題が出題される場合には，事例が記載された紙がテーブル上に置かれることもあります。知識だけでなく，試験委員と適切なコミュニケーションが取れるかも試されます。

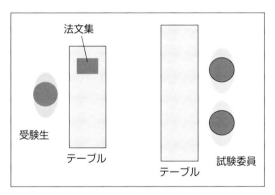

2．口頭試問の練習

　口述試験の出題内容は，既に短答・論文で学習しているものであり，口述試験のためだけに学習するものはありません。しかし，短答・論文の学習を十分に行っている受験生でも，「口頭試問」となると苦戦する場合が多くあります。口述試験対策としては，短答・論文で学習した内容を復習しながら，「**問題を耳で聞いて理解し，短時間で解答を考え，口頭で答える**」という練習が必須となります。弁理士試験の経験者や他の受験生に問題を出してもらい，口頭試問の練習を行いましょう。

法律の学習

1．趣旨，要件，効果

　法律の学習は，①趣旨，②要件，③効果を理解することから始めます。

> ①　趣旨…なぜそのような規定が設けられたのか
> ②　要件…どのような条件がそろうと，その規定の効果が生じるのか
> ③　効果…要件を満たす場合，どのような扱いとなるのか

　条文に書いてあるのは②要件と③効果です。①趣旨は法改正の経緯などから把握することができます。

2．法の解釈

　次の事例で「法の解釈」とは何かを考えてみましょう。

> 　大学Aは，学則において，「講義中に携帯電話を使用した学生は，懲戒に処す。」という規則を設けている。
> 　大学Aの学生Bは，講義中に板書を書き写すのが間に合わなくなったため，やむなく携帯電話を取り出し，板書をカメラアプリで撮影した。
> 　それを見た担当教員Cは，学生Bが上記規則に違反したとして，大学Aに学生Bへの懲戒を求めている。

　この事例において，大学Aは学生Bが上記規則に違反したとすべきでしょうか？

　「学生は，講義中に携帯電話を使用した学生は，懲戒に処す。」という規則を法的に分析してみましょう。この規定の要件は「講義中に携帯電話を使用した学生であること」であり，効果は「懲戒に処す」であると考えることができます。

　学生Bは，「講義中に携帯電話を使用した学生であること」の要件を満たす

ため，規則を文字通り捉えれば，学生Bは懲戒に処されることとなります。

しかし，学生Bからすれば，板書を書き写すのが間に合わなくなったため，やむなく撮影したのだから，学則に違反したと言われるのは納得できません。

誰もが納得するような判断を下さなければならない大学Aは困ってしまいます。

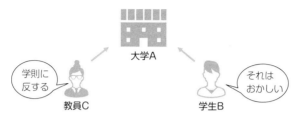

このような場合に用いるのが「解釈」であり，解釈の際に考慮されるのが法の「趣旨」です。

例えば，当該規則を設けた趣旨が「学生が講義中に携帯電話で通話すると他の学生に迷惑であるため」であったとします。この場合，当該規則は通話のみを禁止するものだと解釈できるかもしれません。

一方，当該規則を設けた趣旨が，「携帯電話による通話だけでなく，カメラアプリを使用する際のシャッター音が他の学生に迷惑であるため」であったとします。この場合，この規則はカメラアプリを使用する行為にも適用されると解釈できるかもしれません。

法律の解釈は，法律を文字通り解釈する「文理解釈」が原則ですが，文理解釈では妥当な結論が出せない場合には，趣旨などを考慮した「論理解釈」を行います。

弁理士試験において「論理解釈」が問われた場合は，**最高裁判所が示した解釈**や，**一般に採用されている通説**で回答する必要があります。

3．条，項および号

下記の特許法29条を見ながら，条文の呼び方を解説します。

（特許の要件）
第二十九条　産業上利用することができる発明をした者は，次に掲げる発明を除き，その発明について特許を受けることができる。
　一　特許出願前に日本国内又は外国において公然知られた発明
　二　特許出願前に日本国内又は外国において公然実施をされた発明
　三　特許出願前に日本国内又は外国において，頒布された刊行物に記載された発明又は電気通信回線を通じて公衆に利用可能となった発明
　2　特許出願前にその発明の属する技術の分野における通常の知識を有する者が前項各号に掲げる発明に基いて容易に発明をすることができたときは，その発明については，同項の規定にかかわらず，特許を受けることができない。

「第二十九条」のすぐ右に書かれた部分を「第1項」と呼びます。その下に漢数字で「一」，「二」「三」と番号が振られた部分を「第1号」「第2号」「第3号」と呼びます。そして，その下に「2」と番号が振られた部分を「第2項」と呼びます。

特許法第29条第1項のように，「号」がある条文の場合，「号」の前に書かれた部分を「柱書き」と呼びます。特許法第29条第1項では「産業上利用……受けることができる。」の部分が柱書です。

特許法第29条では第2項がありますが，第2項以降がない条文においては，「第○条第1項」とは呼ばず，単に「第○条」と呼びます。

なお，本書では，「第」の文字を省略して記すこととします（〈例〉特許法第29条第2項→特許法29条2項）。

※　本書は令和6年12月1日現在施行の法律をもとに作成されています。

Contents

第2版刊行にあたって・i

本書の特長・ii

本書の使い方・iii

弁理士の仕事の魅力・iv

弁理士試験の概要・v

短答式試験の学習方法・vii

論文式試験（必須科目）の学習方法・viii

口述試験の学習方法・ix

法律の学習・x

読者特典のお知らせ・xx

第1章 知的財産 ❶

1-1 知的財産とは …………………………………………………… 2

第2章 特許法（国内出願） ❺

2-1 特許制度の概要 …………………………………………… 6

2-2 特許取得手続の流れ ……………………………………… 8

2-3 特許を受ける権利 ………………………………………… 10

2-4 職務発明 …………………………………………………… 12

2-5 特許出願 …………………………………………………… 14

2-6 外国語書面出願制度 ……………………………………… 16

2-7 発明の単一性 ……………………………………………… 18

2-8 出願公開制度と補償金請求権 …………………………… 20

2-9 出願審査の請求と審査 …………………………………… 22

2-10 新規性・進歩性 …………………………………………… 24

2-11 新規性喪失の例外 ………………………………………… 26

2-12 先願主義 ……………………………………… 28

2-13 拡大された先願の地位① …………………… 30

2-14 拡大された先願の地位② …………………… 32

2-15 その他の特許要件 ………………………… 34

2-16 手続の補正① ……………………………… 36

2-17 手続の補正② ……………………………… 38

2-18 分割・変更 ………………………………… 40

2-19 実用新案登録に基づく特許出願 ………… 42

2-20 優先権 ……………………………………… 44

2-21 特許権の存続期間と延長登録 …………… 46

2-22 拒絶査定不服審判と前置審査 …………… 48

2-23 特許異議申立て …………………………… 50

2-24 特許無効審判・延長登録無効審判 ……… 52

2-25 訂正審判と訂正の請求 …………………… 54

2-26 特許権の効力 ……………………………… 56

2-27 利用と抵触 ………………………………… 58

2-28 間接侵害 …………………………………… 60

2-29 均等論 ……………………………………… 62

2-30 専用実施権と通常実施権 ………………… 64

2-31 仮専用実施権と仮通常実施権 …………… 66

2-32 法定通常実施権① ………………………… 68

2-33 法定通常実施権② ………………………… 70

2-34 裁定通常実施権 …………………………… 72

2-35 審決等取消訴訟 …………………………… 74

2-36 侵害訴訟 …………………………………… 76

第3章 実用新案法（国内出願） ㉙

3-1 実用新案法の概要 ………………………… 80

3-2 実用新案登録手続の流れ ………………… 82

3-3 実用新案権の行使 ………………………… 84

3-4 訂正 ………………………………………… 86

第4章 特許協力条約 ⑧⑨

4-1 特許協力条約の概要 ……………………………… 90
4-2 国際出願の全体像 …………………………………… 92
4-3 国際出願 ……………………………………………… 94
4-4 国際調査 ……………………………………………… 96
4-5 国際予備審査 ………………………………………… 98

第5章 特許法・実用新案法（国際出願） ⑩⑪

5-1 国内移行手続の概要 ………………………………… 102
5-2 国際段階の補正の取扱い …………………………… 104
5-3 その他の特例 ………………………………………… 106
5-4 実用新案法における特例 …………………………… 108

第6章 意匠法（国内出願） ⑪⑪

6-1 意匠登録制度の概要 ………………………………… 112
6-2 意匠登録手続の流れ ………………………………… 114
6-3 意匠とは ……………………………………………… 116
6-4 意匠登録出願 ………………………………………… 118
6-5 新規性と創作非容易性 ……………………………… 120
6-6 先願主義 ……………………………………………… 122
6-7 意匠法3条の2の登録要件① ……………………… 124
6-8 意匠法3条の2の登録要件② ……………………… 126
6-9 その他の登録要件 …………………………………… 128
6-10 補正 …………………………………………………… 130
6-11 出願の分割と変更 …………………………………… 132
6-12 関連意匠制度 ………………………………………… 134

6-13 組物の意匠 …………………………………………… 136
6-14 秘密意匠制度 ………………………………………… 138
6-15 審判と審決等取消訴訟 ……………………………… 140
6-16 意匠権の効力 ………………………………………… 142
6-17 法定通常実施権 ……………………………………… 144

第7章 ハーグ協定のジュネーブ改正協定 147

7-1 国際出願 ……………………………………………… 148
7-2 国際登録 ……………………………………………… 150

第8章 意匠法（国際出願） 153

8-1 ジュネーブ改正協定に基づく特例① ……………… 154
8-2 ジュネーブ改正協定に基づく特例② ……………… 156

第9章 商標法（国内出願） 159

9-1 法目的 ………………………………………………… 160
9-2 商標登録手続の流れ ………………………………… 162
9-3 商標登録出願 ………………………………………… 164
9-4 商標とは ……………………………………………… 166
9-5 出願公開と金銭的請求権 …………………………… 168
9-6 商標の識別力① ……………………………………… 170
9-7 商標の識別力② ……………………………………… 172
9-8 商標法4条1項1～5号 …………………………… 174
9-9 商標法4条1項6～9号，4条3項 ……………… 176
9-10 商標法4条1項10～12号 ………………………… 178

9-11 商標法4条1項13～16号 ……………………………… 180
9-12 商標法4条1項17～19号 ……………………………… 182
9-13 団体商標 …………………………………………………… 184
9-14 地域団体商標① …………………………………………… 186
9-15 地域団体商標② …………………………………………… 188
9-16 補正 ………………………………………………………… 190
9-17 出願の分割と変更 ………………………………………… 192
9-18 存続期間と更新登録 ……………………………………… 194
9-19 商標権の効力 ……………………………………………… 196
9-20 商標権の効力の制限 ……………………………………… 198
9-21 専用使用権と通常使用権 ………………………………… 200
9-22 先使用による商標を使用する権利 ……………………… 202
9-23 その他の「商標を使用する権利」 ……………………… 204
9-24 登録異議申立て …………………………………………… 206
9-25 商標登録無効審判 ………………………………………… 208
9-26 不使用取消審判 …………………………………………… 210
9-27 不正使用取消審判 ………………………………………… 212
9-28 商標法53条の2の取消審判 …………………………… 214
9-29 防護標章登録 ……………………………………………… 216

第10章 マドリッド協定議定書 ㉙

10-1 マドリッド協定議定書の概要 …………………………… 220
10-2 国際出願と国際登録 ……………………………………… 222

第11章 商標法（国際出願） ㉕

11-1 国際登録出願と国際商標登録出願 ……………………… 226
11-2 国際商標登録出願の特例 ………………………………… 228

第12章 不正競争防止法 231

12-1 不正競争防止法の概要 …… 232
12-2 商品等表示に関する不正競争 …… 234
12-3 商品形態模倣行為 …… 236
12-4 営業秘密に関する不正競争の概要 …… 238
12-5 不正取得類型 …… 240
12-6 営業秘密に係る不正競争のその他の類型 …… 242
12-7 限定提供データに関する不正競争 …… 244
12-8 限定提供データに関するその他の不正競争 …… 246
12-9 技術的制限手段に係る不正競争 …… 248
12-10 その他の不正競争 …… 250
12-11 差止請求等 …… 252

第13章 著作権法 255

13-1 著作権法の概要 …… 256
13-2 権利が認められる者と権利の種類 …… 258
13-3 著作物 …… 260
13-4 著作者人格権 …… 262
13-5 著作権① …… 264
13-6 著作権② …… 266
13-7 著作権の制限① …… 268
13-8 著作権の制限② …… 270
13-9 著作権の制限③ …… 272
13-10 保護期間 …… 274
13-11 著作隣接権 …… 276

第14章 パリ条約 ㉗⑨

14-1 パリ条約 …………………………………………………… 280

第15章 TRIPS協定 ㉘③

15-1 TRIPS協定 ……………………………………………… 284

【読者特典のお知らせ】

スマートフォンやパソコンで弁理士「知的財産」講座が受講できます！（無料）

　本書をご購入いただいた皆様に，特典をご案内します。

　本書を執筆した伊藤 隆治 先生が担当する「スタディング 弁理士講座」内の「知的財産1〜9」を無料でご利用いただけます。この特典講座では，「ビデオ講座」を視聴した後，一問一答形式の基本問題演習も行うことができます。

　スマートフォンやパソコン，タブレットでご受講いただけますので，通勤時間やスキマ時間にぴったりです！

　さらに，短期間で合格できる勉強方法をわかりやすく解説した「失敗例から学ぶ着実に合格する勉強法5つのルール」，論文を視野に入れた「『脱！直感解法』のススメ」，「頻出15パターンで学ぶ！弁理士 論文合格法」もご覧いただけます。

　効率的に試験に合格できるノウハウが詰まっていますので，ぜひご活用ください。

特典講座のご利用方法：

1. 以下のホームページにアクセスします。

　　https://studying.jp/book.html

2. 当書籍の「読者特典」をクリックし，次の画面でメールアドレス等と以下のパスワードを入力します。

　　パスワード：patent

3. 入力されたメールアドレスに，特典講座へのリンクが含まれたメールが届きます。リンク先から特典講座を視聴いただけます。

※　特典講座は，KIYO ラーニング株式会社が提供いたします。

※　写真はイメージです。
※　特典内容は予告なく変更する場合がございます。

第1章

知的財産

1-1 知的財産とは

1 知的財産と知的財産権

知的財産とは，以下のものの総称です（知的財産基本法2条）。

① 創造的活動によって生み出されたもの
　例えば，発明，考案，デザイン，著作物
② 商標などの商品又は役務を表示するもの
　例えば，トレードマーク，パッケージ，ロゴマーク
③ 営業秘密などの事業活動に有用な情報
　例えば，ノウハウ，顧客情報，技術情報

このような知的財産を模倣などの被害から保護するのが知的財産権です。**知的財産権**はさまざまな権利の総称です。知的財産権としては，保護対象に応じて，特許権，実用新案権，育成者権，意匠権，著作権，商標権などがあります。それぞれ，特許法，実用新案法などの法律によって定められています。

2 有体物と無体物

「財産」と聞いて通常思い浮かぶ不動産，貴金属，自動車などの「有体物」とは異なり，知的財産は形のない「無体物」に関する財産です。

例えば，音楽CDを購入した場合，音楽CD自体は「有体物」であり，民法に規定する所有権によって保護され，購入者は音楽CDを支配することができます。

しかし，音楽CDを購入したとしても，その音楽CDに録音されている楽曲を勝手に複製したり演奏したりしてもよいことにはなりません。

これは，**知的財産権（著作権）**によって楽曲が著作権者のものとして保護されているためです。

まとめcheck　特許権，所有権，著作権はいずれも知的財産権である。○か×か。

CD（有体物）

楽曲（無体物）

　音楽CDや書物などの有体物は知的財産を具現化する「媒体」であって，知的財産とは，その媒体を介して頭で理解する「形のないもの」を意味しています。

3 知的財産の保護

　知的財産は「無体物」であるがゆえに，複製が容易であり，利用されやすいという特徴があります。

　苦労して生み出した知的財産が，他人に勝手に模倣されるのでは，知的財産を生み出す意欲を失わせることとなります。

　そこで，知的財産の保護のための特別の法律を設け，創作者などが知的財産を独占的に利用できることとする知的財産権を付与しています。

　模倣などがあった場合，権利者は，知的財産権に基づいて，**模倣の停止**や，**模倣**によって生じた**損害の賠償**を求めることができます。

Answer　　×（「所有権」は有体物に関する権利であり，知的財産権ではない。）

第2章

特許法（国内出願）

2-1 特許制度の概要

1 特許法の目的

　特許法は，発明を奨励し，産業の発達につなげることを目的として設けられています（特許法1条）。

　産業の発達のためには，発明が新たな発明の基礎とされたり，発明が産業において利用されたりすることが必要となります。

　しかし，産業において誰でも発明を自由に利用できることとすれば，発明者の利益が害され，発明意欲が失われることになります。

　そこで，特許法は，発明の保護と発明の利用のバランスを取り，発明者の利益を保護しながらも，発明が産業において利用されやすい制度を規定しています。

2 発明の保護

　特許法は，発明者の利益を保護するため，以下を規定しています。

(1) 特許権の付与

　発明を独占的に利用できる権利を発明者に与えることで，他の者による発明の盗用を防ぎ，発明者が発明によって経済的な利益を得られるようにしています（特許法68条）。

まとめcheck　特許権の存続期間は，原則として，特許出願の日から20年で終了する。○か×か。

(2) **発明者名の公開**

　発明者は，特許公報，特許証などに発明者として氏名が掲載され，発明者の名誉が保護されます。

3　発明の利用

　特許法では，発明の利用を促進するため，以下を規定しています。

(1) **特許権の存続期間**

　特許権は，原則として，特許出願日から20年で消滅し（特許法67条），そのあとは誰でもその発明を利用できることとしています。

　特許権を永久に認めれば，発明者は多くの利益を得ることができますが，それでは発明が産業において利用されにくくなります。

　特許法は，保護と利用の調和点として，**特許出願から20年で特許権を消滅させ，その後は誰でも自由に発明を利用できる**こととしています。

(2) **出願公開制度**

　出願された発明の内容は，出願から１年６か月経過後に**公開特許公報**として公開され（特許法64条），誰でも見られるようになります。公開された発明は，試験または研究の目的に限り，誰でも利用できます（特許法69条）。これにより，出願された発明が**新たな発明の基礎**となります。

Answer　　○（問題文の通りです。例外として，存続期間の延長があります。）

2-2 特許取得手続の流れ

特許法を効率的に学習するためのポイントは，最初に特許取得手続の流れを覚えることです。特許取得手続は以下の順に進みます。

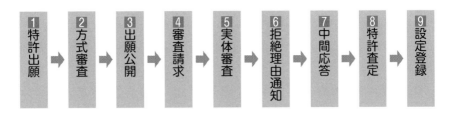

1 特許出願

特許取得を希望する発明について，特許出願という手続を行います。特許出願は，願書に**明細書**，**特許請求の範囲**，**必要な図面**および**要約書**を添付して特許庁に提出します（特許法36条2項）。

2 方式審査

特許庁において，書類が所定の様式に従って作成されているか，所定の手数料が納付されているか等の形式的な要件についての審査を行います。

3 出願公開

特許出願を行った日（出願日）から1年6か月が経過すると，出願書類に記載した内容が**公報に掲載**されます（特許法64条）。

4 審査請求

特許出願の出願日から3年以内に出願審査の請求を行います（特許法48条の3）。出願後に特許の取得を望まなくなった場合，**出願審査の請求**をしなけれ

まとめcheck 出願日から2年以内に出願審査請求を行わないと，特許出願は取り下げたものとみなされる。○か×か。

ば，出願は，出願日から３年で取り下げたものとみなされます。

5 実体審査

特許庁の審査官が特許出願された発明について，発明が新規なものか（**新規性**），発明が容易にできたものでないか（**進歩性**）といった特許要件についての審査を行います（特許法47条）。

6 拒絶理由通知

実体審査の結果，特許にすべきでない理由（**拒絶理由**）が発見された場合，**審査官**は，特許出願人に対し拒絶理由を通知し，相当の期間を指定して，意見書を提出する機会を与えます（特許法50条）。

7 中間応答

特許出願人は，拒絶理由の通知の際に指定された期間内に，**審査官**に対して意見書を提出して反論することができます。また，特許出願人は，出願書類を補正する手続補正書を提出して拒絶理由を解消することもできます。

8 特許査定

審査官は，特許出願について拒絶理由を発見しないときは，特許をすべき旨の査定（**特許査定**）を行います（特許法51条）。

9 設定登録

特許査定がされた旨の通知から30日以内に（特許法108条１項），第１年から第３年の各年分の特許料を納付すると，**特許権が設定登録**され，**特許権が発生**します（特許法66条）。

Answer ×（出願日から３年以内に出願審査請求を行わない場合は特許出願を取り下げたものとみなされます。）

2-3　特許を受ける権利

　特許を受ける権利は，発明について特許を受けるために必要な権利です。特許を受ける権利は，発明が完成した時点で発明者に発生します。発明者が新規な発明であると考えていれば，特許を受ける権利は発生し，発明が客観的に特許を受けられるものであるか否かは問題となりません。

> **事例**　エンジニアの甲が高音質のイヤホンＸを発明した。甲は，イヤホンＸは今までにないものだと考えている。
>
> イヤホンＸ

　この場合，甲は，イヤホンＸが完成した時点で特許を受ける権利を取得します。2人以上の者が共同で発明した場合は，発明者全員で特許を受ける権利を共有します。その発明のことを共同発明と呼びます。

1　特許を受ける権利と特許出願

　特許出願をした発明の**特許を受ける権利**が特許出願人のものでない場合，特許を受けることはできません（特許法49条）。このような特許出願を冒認（ぼうにん）出願と呼びます。

> **事例**　イヤホンＸの設計図を盗み見た乙が，甲に内緒でイヤホンＸについての特許出願Ａを行った。

　この場合，特許出願Ａは冒認出願となり，乙は特許を受けられません。

2　特許を受ける権利の移転

　特許を受ける権利は移転することができます（特許法33条1項）。つまり，発明者は，特許を受ける権利を他人に譲渡したり，子供に相続したりすること

まとめcheck　特許を受ける権利を有する者が特許出願を行っても，特許を取得できないことがある。○か×か。

ができます。特許を受ける権利の一部を移転し、他者との共有にすることもできます。

> **事例** イヤホンＸの発明者である甲は、特許を受ける権利の50％を妻の丙に譲渡した。

この場合、イヤホンＸの特許を受ける権利は、甲と丙の共有になります。

3 特許を受ける権利の共有

特許を受ける権利が共有の場合、全ての共有者が共同で特許出願を行う必要があります（特許法38条）。このような出願を共同出願と呼びます。

> **事例** イヤホンＸの特許を受ける権利を甲と共有している丙は、甲の断りなく、単独でイヤホンＸについて特許出願を行った。

この場合、丙はイヤホンＸについて特許を受けることができません。

特許を受ける権利が共有の場合、各共有者は、他の共有者の同意を得なければ、自分の持分を第三者に譲渡することはできません（特許法33条3項）。

4 特許を受ける権利の移転の対抗要件

特許を受ける権利の移転を受けたことを第三者に主張するためには、第三者よりも先に特許出願を行う必要があります（特許法34条）。

> **事例** イヤホンＸを発明した甲は、イヤホンＸの特許を受ける権利の全てを妻の丙に譲渡した。その後、甲は、友人の丁に懇願され、イヤホンＸの特許を受ける権利の全てを丁にも譲渡した。丙と丁は、それぞれ、イヤホンＸについて特許出願を行ったが、丙の出願の方が1日早かった。

この場合、丙が、丁に対して、真の権利者であることを主張できます。なお、**同日出願**の場合は**両出願人が協議**を行います。

Answer ○（発明が新規性、進歩性などの特許要件を満たさなければ、特許を受ける権利を有していても、特許を取得することはできません。）

2-4 職務発明

職務発明とは，従業者等がその性質上，使用者等の業務範囲に属し，かつ，その発明をするに至った行為がその使用者等における従業者等の現在または過去の職務に属する発明を意味します（特許法35条）。職務発明については，発明を完成させる前に，あらかじめ特許を受ける権利を使用者等が承継する旨の勤務規則等を設けることが認められています。

1 用語の定義

(1) 「従業者等」と「使用者等」

従業者等とは，従業者，法人の役員，または公務員を意味します。**使用者等**とは，使用者，法人，国または地方公共団体を意味します。

(2) 「業務範囲」に属する

使用者等の業務範囲に属さない発明は職務発明に当たりません。例えば，自動車メーカーに勤める従業者が，食品に関する発明を行った場合，その発明は職務発明に該当しません。

(3) 「現在又は過去の職務」に属する

従業者等の現在または過去の職務に属さない発明は職務発明に当たりません。例えば，発明することを求められていない従業者が発明を行った場合，その発

まとめcheck　会社は，その従業員が完成させた全ての発明の特許を受ける権利を，会社に帰属させることを勤務規則に定めることはできない。○か×か。

明は職務発明ではありません。

2 職務発明の権利帰属

従業者等が発明を行うことを期待する企業等においては，多くの場合，**勤務規則**や**契約**において，従業者等が発明を完成させた場合には，その特許を受ける権利を企業等が取得することを規定しています。発明の完成には使用者等の投資等による貢献が必要であるため，このような規定を設けることが認められています。

一方，使用者等が貢献していない発明についてまで使用者等に特許を受ける権利を承継させることは，発明者の発明意欲を減退させることに繋がります。したがって，職務発明に当たらないものについては，上記のような規定を設けることは認められていません。

3 従業者等の利益

勤務規則等により特許を受ける権利が使用者等に帰属した職務発明の発明者は，金銭その他の相当の利益を受ける権利を有します（特許法35条4項）。

4 職務発明の法定通常実施権

勤務規則等において職務発明の特許を受ける権利を使用者等が取得することを規定していない場合，職務発明について，従業者等が特許を取得したり，従業者等から特許を受ける権利を承継した者が特許を取得したりすることが考えられます。

この場合，使用者等にその発明を無償で実施することができる**実施権**が認められます。職務発明の完成には使用者等も貢献していると考えられるためです。このように法定の条件を満たすことで発生する実施権を法定通常実施権と呼びます。

Answer　○（職務発明の場合に限り，会社に帰属させることができます。）

2-5 特許出願

　特許出願とは，発明をした者，または，特許を受ける権利を譲り受けた者が，特許権を得るため，特許庁に対し所定の書類を提出する手続です。

　特許出願において提出する書類は，**1 願書**，**2 明細書**，**3 特許請求の範囲**，**4 図面**（必要に応じて），**5 要約書**です。この他，出願手数料も納付します。

　これらの特許出願の書類を作成するのが弁理士のメインの業務です。特許庁への提出は，ほとんどがインターネットを通じて行われています。

1 願書

　願書とは，出願に際して，特許の付与を要求する意思表示を行うための書類です。願書には，発明者名，特許出願人名等を記載します。

2 明細書

　明細書には発明の内容を具体的に記載します。特許制度では，新規な発明を秘匿化せずに国家に開示したことに対する代償として特許を付与するという考えが採られているため，発明を詳細に説明する必要があります。

```
【書　　類　　名】　　明細書
【発 明 の 名 称】　　自動車
【技 術 分 野】
　【０ ０ ０ １】
　本発明は，エンジンを備えた自動車に関する。
【背 景 技 術】
　【０ ０ ０ ２】
　従来，エンジンを備えた自動車がある。
【先行技術文献】
【特 許 文 献】
　【０ ０ ０ ３】
　【特許文献１】　　特許第1234566号公報
　【発明の概要】
```

まとめcheck　特許出願の際は図面を提出しなくても良い場合がある。○か×か。

...

3 特許請求の範囲

特許請求の範囲は，出願人が特許を求める発明を特定するために必要な事項（発明特定事項）を記載する必須の添付書類です（特許法36条2項）。

> 【書 類 名】 特許請求の範囲
> 【請求項1】
>   カーボン製のボディーと，前記ボディーに回転可能に取り付けられたタイヤと，エンジンと，前記エンジンから前記タイヤにトルクを伝達するトルク伝達機構とを有する自動車。
> 【請求項2】
>   さらに，前記タイヤを操舵するハンドルを有する請求項1に記載の自動車。

4 図面

図面は発明の理解を容易なものとするために必要な補助的な書類です（特許法36条2項）。提出しないことも可能ですが，提出する場合が多いです。

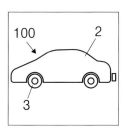

図面に描いた装置の各部に数字等からなる参照符号を付け，明細書ではその参照符号を使って発明を説明します。

5 要約書

要約書は発明の概要を示した書面です。出願公開の際に出願がどのような発明に関するものかを簡潔に示すために用いられます。

Answer 　　○（図面は必須の書類ではありません。）

2-6 外国語書面出願制度

外国語書面出願制度とは，**明細書，特許請求の範囲，図面，要約書を外国語で作成して出願し**，その後に，これらの書類の日本語による**翻訳文を提出する**ことができる制度です（特許法36条の2）。なお，**願書は当初から日本語で作成しなければなりません。**

1 趣旨

特許出願の書類は日本語により作成するのが原則ですが，外国人が出願する場合，日本語の翻訳文の作成に時間を要し，また，誤訳が生じた場合に不利益を被るおそれがあります。そこで，外国語で作成した出願書類による出願を認め，日本語による翻訳文に誤訳が生じた場合には，外国語で作成した出願書類に基づいて誤訳の訂正を認めることとしています。

(1) 「外国語書面」と「外国語要約書面」

外国語で作成した明細書，特許請求の範囲，必要な図面を**外国語書面**，外国語で作成した要約書を**外国語要約書面**と呼びます。

(2) 使用できる外国語

従来，英語のみでしたが，現在は英語に限らず，**あらゆる外国語**が認められています（特許法施行規則25条の4）。

2 翻訳文の提出時期

日本語による翻訳文は，外国語書面出願の提出の日から1年4か月以内に提出する必要があります。**外国語書面の翻訳文を提出しない場合，出願は取り下げたものとみなされます。**一方，**外国語要約書面の翻訳文を提出しない場合は補正命令および出願却下の対象となります**（特許法17条3項，18条）。

まとめcheck　外国語書面の翻訳文を提出すれば，外国語要約書面の翻訳文を提出しなくても，出願を取り下げたものとはみなされない。○か×か。

3 優先権主張を伴う外国語書面出願

　外国語書面出願が，後述のパリ条約による優先権，国内優先権等の優先権主張を伴う場合，翻訳文は，優先権主張の基礎となった出願のうち**最先の出願の日**から1年4か月以内に提出しなければなりません。

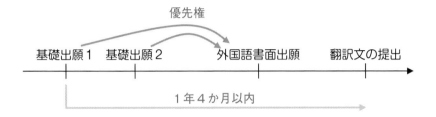

4 分割等に係る外国語書面出願

　外国語書面出願が，後述の分割，変更，実用新案登録に基づく特許出願である場合，翻訳文は，分割等の**もとの出願の出願日**から1年4か月以内に提出しなければなりません。ただし，**分割等の日**から2か月以内であれば，1年4か月を経過していても，翻訳文を提出することができます。

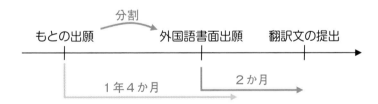

Answer　　○（出願を取り下げたものとみなされるのは，外国語書面の翻訳文を提出しない場合です。）

2-7 発明の単一性

　発明の単一性とは，複数の発明について１つの特許出願で特許を取得するために，複数の発明が満たすべき技術的な関連性を意味します。

　特許出願の願書に添付する特許請求の範囲に複数の発明が記載されている場合，その複数の発明の間で発明の単一性の要件を満たす必要があります。

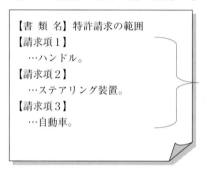

【書 類 名】特許請求の範囲
【請求項１】
　…ハンドル。
【請求項２】
　…ステアリング装置。
【請求項３】
　…自動車。

この発明の間で
単一性の要件を
満たさなければならない。

1 趣旨

　技術的に関連する複数の発明は，１つの特許出願により出願することで，出願人としては手続が簡易になり，特許庁としても効率的に審査できるという利点があります。

　一方で，複数の発明を無制限に１つの特許出願に含めることができる制度とすると，特許庁にとっては審査が行い難く，第三者としても特許情報の調査を行い難くなります。

　そこで，複数の発明が単一性の要件を満たす場合にのみ，１つの特許出願に含めることができる制度としています（特許法37条）。

2 要件

　発明の単一性を満たすためには，２以上の発明が同一のまたは対応する特別な技術的特徴を有していることが必要です（特許法施行規則25条の８）。

まとめcheck　発明の単一性を満たすためには，複数の発明が同一のまたは対応する特別な技術的特徴を有する必要がある。○か×か。

　特別な技術的特徴とは，発明の<u>先行技術に対する貢献</u>を明示する技術的特徴を意味します。

　先行技術とは，新規性を喪失した技術を意味します。

　先行技術に対する貢献とは，先行技術との対比において発明が有する技術上の意義をいいます。

　つまり，複数の発明が単一性の要件を満たすためには，新規性を喪失した技術との対比において発明が有する技術上の意義を明示する技術的特徴が同一または対応していなければなりません。

事例　甲は発明イと発明ロについて特許出願することを考えています。

　　発明イ：特徴Aと特徴Bを有する自動車。

　　発明ロ：特徴Aと特徴Bと特徴Cを有する自動車。

　先行技術文献として，既に出願公開がされている特許出願Xがあります。特許出願Xには，発明ハが記載されています。

　　発明ハ：特徴Aを有する自動車。

　この場合，発明イと発明ロに共通する特徴Bが，発明ハに対して技術上の意義をもたらすものであれば，発明イと発明ロを1つの特許出願に含めることができます。

---

3 単一性を満たさない場合

　単一性の要件を満たさない複数の発明が特許請求の範囲に記載されている場合，その特許出願は**審査**において**拒絶**されます（特許法49条）。これに対して出願人は，例えば，一部の発明の削除または後述の出願の分割により対処します。

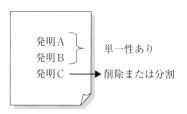

発明A　┐
発明B　┘　単一性あり

発明C　──▶　削除または分割

Answer　　○（問題文の通りです。）

2-8 出願公開制度と補償金請求権

1 出願公開制度の概要

　出願公開制度とは，出願の日から1年6か月が経過した後に，特許出願の内容を一般に公開する制度です（特許法64条）。公開された特許出願は，J-PlatPatというインターネット上のサイトで閲覧できます。

(1) 出願公開制度の趣旨

　将来的に特許権が設定登録される可能性のある発明の内容を周知することで，重複研究，重複投資，重複出願を防ぎ，また，さらなる発明の基礎となる技術文献とすることを目的としています。

(2) 出願公開の要件

　出願公開されるのは，特許出願の日から1年6か月を経過した特許出願です。特許出願の日から1年6か月を経過する前に出願が放棄，取下げ，却下または拒絶が確定している場合には，原則として，出願公開されません。

　また，出願公開が行われる前に特許が認められ，特許権が設定されたことを公示する特許掲載公報が発行されている場合も出願公開されません。

(3) 公開の内容

　出願日，出願人の氏名または名称，発明者の氏名，明細書・特許請求の範囲・図面・要約書に記載した内容などが公開されます。公開された発明は，**試験**または**研究の目的**であれば，誰でも自由に利用することができます（特許法

まとめcheck　　特許出願は，出願日から1年6か月後に必ず出願公開される。○か×か。

69条)。これにより新たな発明の基礎とし，発明の「利用」を図っています。

2 補償金請求権とは

補償金請求権とは，出願公開された特許出願に係る発明を特許権の発生までの間に業として実施した者に対し，特許権者が**補償金の支払い**を請求する権利です。出願公開による出願人の損失を補填するための制度です。

(1) 補償金請求権の発生要件

① 出願公開がされていること
② 所定の書面により警告をしたこと，または，実施者が出願公開された発明であることを知っていること
③ 特許権の設定登録前に業としてその発明を実施していること

(2) 補償金の請求

特許出願人は，特許権が設定登録された後，発明を実施した者に対し，ライセンス料に相当する額の補償金の支払を請求することができます。

特許権が設定登録されない場合，上記のような実施があったとしても補償金を請求することはできません。

Answer   × （特許出願が放棄等されている場合には出願公開されません。）

2-9 出願審査の請求と審査

1 出願審査の請求とは

　出願審査の請求とは，審査官による特許出願の実体審査の請求を意味します。特許出願の日から**3年以内**に出願審査の請求がなかった特許出願は，取り下げたものとみなされます（特許法48条の3）。

(1) 趣旨

　特許出願後の出願人の事業の状況等を考慮し，出願人が特許を受ける必要があると考える特許出願についてのみ実体審査を行うことにより，特許庁における審査の促進を図ろうとするものです。

(2) 方式審査と実体審査

　提出書類が所定の様式に従っているか，所定の手数料を支払っているか，といった方式的な要件の審査は，方式審査と呼ばれています。

　一方，特許出願に係る発明が新規性・進歩性などの要件を満たしているか，といった実体的な要件の審査は，実体審査と呼ばれています。

　審査請求が審査開始の条件となっているのは**実体審査**のみです。方式審査は，全ての特許出願について，出願後すみやかに行われます。

(3) 審査請求できる者

　出願審査の請求は，出願人に限らず，誰でも行うことができます。その発明を実施したいと考えている第三者が早くその出願の決着をつけたいと考える場

合があるためです。

2 特許出願の審査

　各特許出願について審査官１名が担当となり，新規性・進歩性などの審査を行います。審査結果は，出願審査の請求から**平均して約10か月**で出願人（弁理士等の代理人がいる場合には代理人）に通知されます。

3 拒絶理由通知

　審査官の審査により，発明が新規性・進歩性などの特許要件に違反することが発見された場合，最終的な結論（後述の「拒絶査定」）を出す前に，審査官から出願人に拒絶理由通知が送られます。拒絶理由通知には，特許にすることができない理由が記載されています。この場合，出願人は，**意見書**や**手続補正書**を提出して対応することができます。

4 査定

　審査の最終的な結論を査定といいます。査定には特許査定と拒絶査定があります。特許査定の場合，出願人が**３年分の特許料**を**納付**することにより特許権が発生します。一方，拒絶査定の場合，拒絶査定に不服がある出願人は，**拒絶査定不服審判**を請求することができます（特許法121条）。特許出願の一部にでも拒絶理由があれば，出願全体が拒絶されます。

Answer　×（出願審査の請求は出願人以外の者も行うことができます。）

2-10 新規性・進歩性

1 新規性とは

　発明の**新規性**とは，特許出願時における発明の新しさを意味します。特許法29条1項各号は新規性のない発明を列挙しています。新規性のない発明についての特許出願は拒絶され，特許を受けることはできません。

(1) 趣旨

　特許制度は新規な発明を開示する代償として特許を付与します。また，既に公開されている発明に特許を付与すると，かえって技術の発展や経済活動を阻害することになります。そこで，発明の新規性が要件となっています。

(2) 公然知られた発明（特許法29条1項1号）

　「特許出願前に日本国内又は外国において公然知られた発明」は新規性がないとされています。**公然**とは，秘密の範囲を脱出したことを意味します。守秘義務を有しない者が発明を知った場合は公然に該当します。発明について守秘義務のある特許庁の職員や弁理士が知っても新規性を喪失しません。

(3) 公然実施された発明（特許法29条1項2号）

　「特許出願前に日本国内又は外国において公然実施をされた発明」は新規性がないとされています。**公然実施をされた**とは，発明の内容が公然知られる可能性のある状況下で実施されたことを意味します。**実施**は物の製造・販売，方法の使用等が該当します（特許法2条3項）。

(4) 刊行物・インターネットに掲載された発明（特許法29条1項3号）

　「特許出願前に日本国内又は外国において，頒布された刊行物に記載された発明又は電気通信回線を通じて公衆に利用可能となった発明」は新規性がない

まとめcheck　出願前に外国の刊行物に掲載された発明は特許を受けられない。○か×か。

とされています。**頒布**とは，刊行物を不特定の者が見ることができるような状態に置くことをいい，実際に見られている必要はありません。

- ●公然知られた発明
- ●公然実施された発明　➡ 新規性のない発明
- ●刊行物等に掲載された発明

2 進歩性とは

進歩性とは，その発明の属する技術分野における通常の知識を有する者（当業者）が，特許出願前に新規性を喪失した発明から容易に発明することができない程度の困難性をいいます。つまり，容易に発明できた発明についての特許出願は拒絶され，特許を受けることができません。

(1) 趣旨

通常の人が容易に思いつくような発明に対して特許権を与えることは社会の技術の進歩に役立たないばかりでなく，かえって妨げとなるので，そのような発明を特許付与の対象から排除しようとするものです。

(2) 進歩性の判断

進歩性の判断は，特許出願前に新規性を喪失した発明の中から最も近い発明を認定し，その発明と特許出願に係る発明との一致点・相違点を把握した上で，**引用発明から特許出願に係る発明に到る動機付けがあるか，特許出願に係る発明に有利な効果があるか，**といった観点から行います。

Answer　○ （特許法29条1項3号に該当し，特許を受けられません。）

2-11 新規性喪失の例外

1 新規性喪失の例外の適用

新規性を喪失した発明でも，所定の場合，新規性喪失の例外の適用を受けることで，新規性を喪失しなかったものとみなされます（特許法30条）。

(1) 趣旨

特許出願前に新規性を失った発明は，原則として特許を受けることはできませんが，この原則を厳格に貫くとかえって産業の発達に寄与するという法の趣旨に反する場合もあります。そこで，所定の要件の下，例外的に新規性を喪失しなかったものとして扱うこととしています。

(2) 権利者の意に反する新規性喪失

発明の情報が盗み出されてインターネットに掲載されてしまった場合など，特許を受ける権利を有する者の意に反して新規性を喪失した発明については新規性喪失の例外が認められています。例外適用を受けるためには，新規性の喪失から1年以内に特許出願を行う必要があります。

(3) 権利者の行為に起因する新規性喪失

特許を受ける権利を有する者が主体的に発明公表した場合に例外適用を受けることができます。例えば，発明者によって，発明が，刊行物，集会やセミナー，テレビやラジオ，販売等により公表された場合です。

この例外適用を受けるためには，新規性喪失から1年以内に特許出願を行い，出願と同時に例外適用を受ける旨の書面を提出し，出願日から30日以内に例外適用を受けられることを証明する証明書を提出する必要があります。

まとめcheck 発明の新規性喪失の例外の適用を受けるためには，新規性喪失から6か月以内に特許出願を行う必要がある。○か×か。

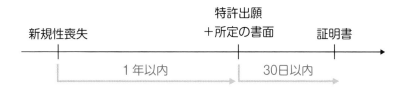

2 例外適用を受けられない場合

特許を受ける権利を有する者が特許庁に出願を行い，発明，実用新案，意匠または商標に関する公報に掲載されたことにより新規性を喪失した場合は，例外適用を受けることができません。新規性喪失の例外は，特許出願する前に新規性が喪失した発明を念頭に設けられているためです。

> **事例** 甲は発明イについて特許出願Aを行ったところ，特許出願Aについて出願公開がされた。特許出願Aについて審査を受けたが，拒絶査定となった。特許を諦めきれない甲は，特許出願Aの出願公開から1年以内に発明イを改良した発明ロについて特許出願Bを行い，新規性喪失の例外のための手続を行った。

この事例の場合，特許出願Bにおいて，発明イが出願公開によって新規性を喪失したことについて新規性喪失の例外の適用を受けることはできません。したがって，発明ロが発明イから容易に発明できたものであれば，進歩性がなく，特許を受けることはできません。

3 例外適用の効果

例外適用を受けた特許出願の審査においては，新規性を喪失した発明が新規性を喪失しなかったものとして，新規性・進歩性の審査が行われます。

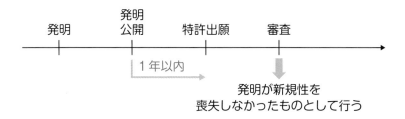

Answer ×（以前は6か月でしたが，1年に改正されました。）

2-12 先願主義

先願主義とは，同一の発明について２以上の特許出願があったときに，最先の特許出願人のみに特許を付与する考え方をいいます（特許法39条）。簡単に言えば，「早い者勝ち」ということです。先願主義は，複数の人がたまたま同じ発明をした場合でも適用されます。

1 趣旨

特許権は独占排他的な権利ですので，１つの発明について２以上の権利を認めるべきではありません。そのような重複特許を排除する趣旨から，**一発明一特許の原則**を明らかにするとともに，１つの発明について複数の出願があったときには，最先の出願人のみが特許を受けられることとしています。

2 出願の先後の判断

出願の先後は「日」をもって判断します。つまり，同日に同一の発明について２以上の特許出願があった場合には優劣をつけません。この点は，時分まで問題とする新規性・進歩性とは異なります。同日に出願された場合には，出願人同士の協議によって定めた者が特許を取得できることとしています（特許法39条２項）。

3 先願主義に関する用語

日前の特許出願は先願（せんがん）と呼ばれ，日後の特許出願は後願（こうがん）と呼ばれます。同日の特許出願は同日出願と呼ばれます。先願は，特許を受けることができ，後願の特許成立を防ぐこともできます。先願に与えられたこのような地位のことを先願の地位と呼びます。

まとめcheck　同一の発明について同日に複数の特許出願があった場合，１分でも早い特許出願を行った者に特許が付与される。○か×か。

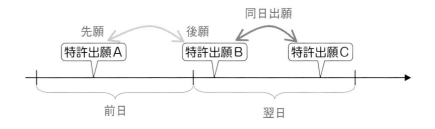

4 出願人との関係

　出願人が異なる場合だけでなく，**先願と後願**の**出願人**が**同一の場合**や**先願と後願**の発明者が**同一の場合**も先願主義が適用されます。重複特許の成立を防ぎ，特許権の存続期間の実質的な延長を防ぐためです。

5 発明の同一性

　先願と後願の**特許請求の範囲**に記載されている発明が同一であるか否かで判断します。特許権の権利範囲は**特許請求の範囲**の記載に基づいて定められるからです。

6 先願の地位が認められない出願

　以下のように特許取得の可能性がなくなった特許出願には**先願の地位**が認められません。

---
① 権利放棄された特許出願　② 取り下げられた特許出願
③ 却下された特許出願　　　④ 拒絶が確定した特許出願

Answer　×（同一の発明について同日に複数の特許出願があった場合，出願人の協議により定めた者が特許を取得します。）

2-13 拡大された先願の地位①

拡大された先願の地位（特許法29条の2）は，先願の地位を特許請求の範囲に記載された発明から，願書に最初に添付した明細書，特許請求の範囲，図面に記載された発明に拡大する規定です。

1 適用場面

拡大された先願の地位の規定が適用されるのは，以下のような場面です。

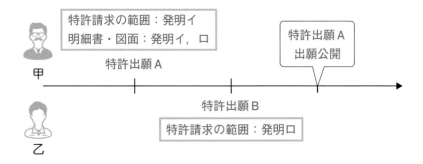

この事例において，特許出願Bの特許請求の範囲に記載された発明は発明ロであり，特許出願Aの特許請求の範囲に記載された発明イとは異なりますので，特許法39条は適用されません。また，特許出願Aが公開されたのは特許出願Bの後ですので，特許出願Aの出願公開によって特許出願Bの発明ロの新規性が喪失したことにはなりません。

しかし，拡大された先願の地位によれば，特許出願Bの発明ロは，出願後に出願公開された特許出願Aの明細書に記載されているとして拒絶され，特許を受けることはできません。

まとめcheck 特許出願の図面にのみ記載された発明にも拡大された先願の地位が認められる。○か×か。

2 趣旨

　先願の明細書等に記載されている発明は，出願公開等により公表されます。たとえ先願が公表される前に出願された後願であっても，同一の発明である以上，その後願は新規な発明を公開するものとはいえません。このような発明に特許権を与えることは，新規発明公開の代償として発明を保護する特許制度の趣旨からみて妥当ではないため，特許を認めないこととしています。

3 要件

　拡大された先願の地位が適用されるのは以下の要件を満たす場合です。

---
① 　日前の特許出願または実用新案登録出願（以下「先願」）があること
② 　先願についての特許掲載公報の発行，出願公開，または実用新案掲載公報の発行が日後の特許出願（以下「後願」）の後にされていること
③ 　後願に係る発明が，先願の願書に最初に添付した明細書，特許請求の範囲もしくは実用新案登録請求の範囲または図面に記載された発明または考案と同一であること
④ 　先願と後願の発明者または考案者が同一でないこと
⑤ 　後願の出願時にその出願人と先願の出願人が同一でないこと

　上記③の要件の「願書に最初に添付した」というのは，補正によって明細書等から削除された発明であっても，最初に特許庁に提出した明細書等に記載された発明であれば，拡大された先願の地位を有することを意味します。

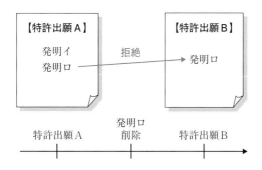

第2章　特許法（国内出願）

2-14 拡大された先願の地位②

　以下の事例において，特許出願Bに拡大された先願の地位（特許法29条の2）の規定が適用されるか否かを見ていきましょう。

1 同日に出願

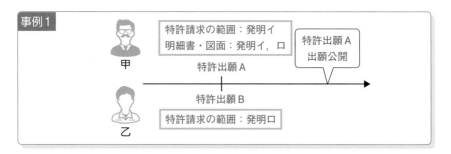

　特許出願Aと特許出願Bが同日に出願されている事例です。この場合，特許法29条の2要件のうち「①日前の特許出願または実用新案登録出願があること」を満たさないため，同条は適用されません。

2 出願公開の後に出願

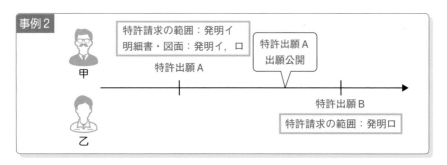

　この場合，特許出願Bは，日前の出願Aの出願公開の後に出願されているため，特許法29条の2の要件のうち「②先願についての特許掲載公報の発行，出

まとめcheck　同日の特許出願を引用して特許法29条の2が適用されることはない。○か×か。

願公開，または実用新案掲載公報の発行が後願の後にされていること」を満たさず，同条は適用されません。なお，出願Bは，出願Aの出願公開により発明ロの新規性が失われ，特許を受けることができません。

3 発明が異なる

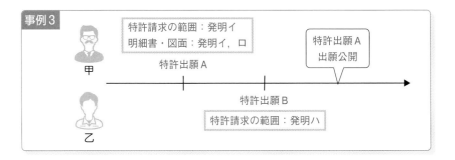

　この事例においては，出願Bの特許請求の範囲に記載された発明ハが，出願Aの明細書等に記載されておらず，特許法29条の2の要件のうち「③後願に係る発明が，先願の願書に最初に添付した明細書，特許請求の範囲もしくは実用新案登録請求の範囲または図面に記載された発明または考案と同一であること」を満たさないため，同条は適用されません。

4 出願人が同一

　この事例においては，出願Aの出願人も出願Bの出願人も甲であり，特許法29条の2の要件のうち「⑤後願の出願時にその出願人と先願の出願人が同一でないこと」を満たさないため，同条は適用されません。

Answer　○（特許法29条の2の引例となる出願は「日前」の出願のみです。）

2-15 その他の特許要件

1 その他の主要な特許要件

新規性，進歩性，先願主義，拡大された先願の地位以外の主な特許要件（特許法49条各号）について見ていきましょう。

(1) 補正要件違反

後述する明細書等の補正において，補正が**新規事項の追加の禁止**（特許法17条の２第３項），**シフト補正の禁止**（同条４項）の補正要件に違反して行われた場合，その出願によっては特許を受けることができません。

(2) 発明該当性

特許請求の範囲に記載されたものが，特許法２条１項に定義する発明に該当しない場合，特許を受けることはできません（特許法29条１項柱書）。

(3) 産業上利用可能性

特許出願に係る発明が，産業上利用可能性のない発明である場合，特許を受けることができません（特許法29条１項柱書）。特許法は産業の発達に寄与することを目的としているためです。産業上利用可能性のない発明としては，人間を手術・治療または診断する方法，個人的にのみ利用される発明（例：喫煙方法）などがあります。

(4) 公序良俗・公衆衛生違反

公の秩序，善良の風俗または公衆の衛生を害するおそれがある発明については特許を受けることができません。例えば，遺伝子操作により得られたヒト自体について特許を受けることはできません。ただし，公序良俗等違反に該当する態様で利用される可能性があるというだけでは該当しません。例えば，爆薬

まとめcheck 爆薬の発明は公の秩序を害するおそれがあるため，特許を受けることはできない。○か×か。

や副作用のある抗がん剤については特許を受けることができます。

(5) 共同出願違反

特許を受ける権利が共有されているにもかかわらず，共有者全員で特許出願を行わなかった場合，特許を受けることができません（特許法38条）。

(6) 記載要件違反

特許出願の明細書，特許請求の範囲の記載が，所定の記載要件（特許法36条4項1号，6項）に違反する場合，特許を受けることができません。

2 原文の範囲を越える翻訳文

外国語書面出願において，外国語書面に記載されていない事項が外国語書面の翻訳文に記載されている場合，特許を受けることができません（特許法49条6号）。

3 冒認出願

特許出願に係る発明について，特許を受ける権利を有さない者が出願人である場合，特許を受けることができません（特許法49条7号）。

Answer ×（爆薬の発明は利用態様を誤らなければ，公の秩序を害さないため，特許を受けることができます。）

2-16 手続の補正①

手続の補正とは，特許庁への手続や提出した書類に不備があった場合等に，それらの補充または訂正を行うことをいいます。手続とは，特許出願に限らず，**特許に関する手続**を意味します。

1 全般的な補正

特許庁に対して手続を行った者は，手続が<u>特許庁に係属</u>している限り，その<u>手続の補正</u>を行うことができます（特許法17条）。**特許庁に係属**というのは，特許庁がその手続を処理しなければならない状態にあることを意味します。補正が行われると，その手続は，当初から補正した内容で行われたものとみなされます。このように時間を遡って認められる効果のことを**遡及効**と呼びます。補正は手続補正書を提出することにより行います。

2 明細書等の補正

手続の補正の中で最も頻繁に行われるのが，特許出願の願書に添付した明細書，特許請求の範囲および図面（以下，明細書等）の補正です。これらの書類の補正は，特許の権利範囲や審査の進行に影響を及ぼすため，他の補正よりも厳しい制限が課されています。

3 明細書等を補正できる時期

明細書等を補正することができるのは，特許出願から特許査定の謄本の送達があるまでです。しかし，この期間内であっても，拒絶理由の通知を受けた後は，以下の時期に限って，**明細書等の補正**を行うことができます（特許法17条の2第1項）。

> ① 最初の拒絶理由通知において指定された期間
> ② 文献開示通知（特許法48条の7）において指定された期間

まとめcheck　特許出願人は，特許査定の謄本送達後でも明細書を補正できる。○か×か。

③ 最後の拒絶理由通知において指定された期間
④ 拒絶査定不服審判の請求と同時

上記①の場合，以下のとおりとなります。

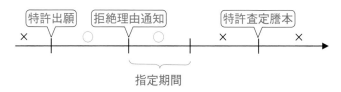

※○：明細書等の補正ができる時期，×：明細書等の補正ができない時期

4 「最初の拒絶理由通知」と「最後の拒絶理由通知」

拒絶理由通知に対する補正により通知することが必要となった拒絶理由のみを通知する拒絶理由通知を最後の拒絶理由通知と呼んでいます。それ以外の拒絶理由通知は，２回目以降の拒絶理由通知であっても最初の拒絶理由通知と呼ばれます。

5 新規事項追加の禁止

明細書等の補正においては，出願当初の明細書等に記載されていない事項を追加する補正は禁止されています（特許法17の２第３項）。補正を行うと，出願当初からその内容で補正されたものとみなされるため，新規事項の追加を許すと，先願主義に反し，妥当でないためです。

Answer ✕（特許査定謄本の送達後は，明細書等の補正が認められません。）

2-17 | 手続の補正②

1 外国語書面出願の新規事項追加の禁止

　外国語書面出願の場合，原則として，外国語書面の**翻訳文に記載した事項の範囲内で補正**する必要があります。しかし，誤訳があった場合，翻訳文の範囲内では十分な訂正ができないことから，誤訳訂正書を提出すれば，外国語書面に記載された事項の範囲内で補正ができることとしています。

2 技術的特徴の異なる別発明への補正（シフト補正）の禁止

　拒絶理由通知において特許性の判断が示された発明と，補正後の発明の間で発明の単一性を満たさない場合，**補正要件違反**となります（特許法17条の2第4項）。単一性を満たさない発明への補正は，審査対象を大幅に変更し，審査遅延を生じさせるためです。

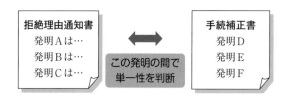

まとめcheck　外国語書面出願の誤訳の訂正は手続補正書により行う。〇か×か。

3 補正の目的の制限

下記の時期に特許請求の範囲を補正する場合，補正の目的が制限されます（特許法17条の2第5項）。

① 50条の2の通知がされた拒絶理由通知において指定された期間
② 最後の拒絶理由通知において指定された期間
③ 拒絶査定不服審判の請求と同時

上記①の「50条の2の通知」は，後述の分割出願において，分割に係る一連の出願のいずれかについて通知された拒絶理由と同じ拒絶理由が発見された場合に通知されます（特許法50条の2）。

上記①から③の時期における特許請求の範囲の補正は以下を目的とするもののみ可能です。

請求項の削除，限定的減縮，誤記の訂正，明瞭でない記載の釈明

審査の終盤で審査対象を大幅に変更する補正を認めるべきでないためです。

限定的減縮とは，発明を特定する事項を追加せずに，特許請求の範囲を減縮する補正です。例えば，上位概念（例：金属製）の記載の下位概念化（例：鉄製）や，選択的記載（例：鉄または鋼）の一部の削除があります。

明瞭でない記載の釈明とは，拒絶理由通知において明瞭でないとされた記載を明瞭なものとする補正です。

4 補正要件違反の処分

上記①から③以外の時期に行った明細書等の補正が，新規事項追加の禁止等の上述の補正要件を満たさない場合，その出願は補正要件違反の拒絶理由を有します。

上記①から③の時期に行った明細書等の補正が，新規事項追加の禁止等の上述の補正要件を満たさない場合，補正が却下され，補正がなかったものとして，審査が行われます。

Answer ×（誤訳の訂正は誤訳訂正書により行います。）

2-18 分割・変更

1 出願の分割

出願の分割とは，特許出願に複数の発明が含まれる場合に，特許出願を複数の特許出願に分けることをいいます（特許法44条）。

(1) 趣旨

発明の単一性の要件を満たさない場合，出願は拒絶理由を有することになります（特許法49条4号）。この形式的瑕疵を理由に，何ら救済を与えずに出願を拒絶するのは出願人にとって酷となります。そこで，特許法は，手続面で発明を保護すべく，所定の要件下で出願の分割を認めています。

(2) 分割の手続

分割出願である旨を願書に記載した新たな特許出願を特許庁に提出します。もとの特許出願と新たな特許出願は，特許請求の範囲に記載した発明が異なっていれば，明細書，図面，要約書は同じ内容でも問題ありません。ただし，もとの特許出願の明細書等に記載されていない事項を，新たな特許出願の明細書等に記載することはできません。分割のもとの出願は親出願，新たな出願は子出願と呼ばれ，子出願をさらに分割した出願は孫出願と呼ばれます。

(3) 分割できる時期

特許出願の分割は以下の時期に限り可能です（特許法44条）。

① 明細書等を補正できる時
② 特許査定の謄本送達から30日以内
③ 拒絶査定の謄本送達から3か月以内

まとめcheck 特許出願人は，特許査定の謄本の送達も拒絶理由の通知も受けていないときに特許出願の分割をすることができる。○か×か。

⑷ **分割の効果**

　出願の分割が適法に行われた場合，新たな特許出願はもとの特許出願のときに出願したものとみなされます。これにより，新規性・進歩性，先願主義などの審査において，新たな特許出願が不利に扱われるのを防ぐことができます。なお，分割の要件を満たさない場合，通常の出願として扱われます。

2 出願の変更

　出願の変更とは，特許出願，実用新案登録出願および意匠登録出願の相互間での出願の種類の変更を意味します。例えば，特許出願を実用新案登録出願に変更できます。出願の変更を行うと，もとの出願は取り下げたものみなされ，変更による新たな出願はもとの出願のときに出願したものとみなされます。

趣旨

　出願人が，特許出願，実用新案登録出願，意匠登録出願の間で選択を誤った場合や，もとの出願を行った後に事業計画を変更した等の理由により，他のより有利な出願形式に改めたいと考えた場合に対処できるようにするため，出願の変更が認められています。

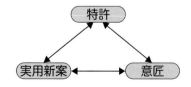

Answer　○（明細書等の補正ができる時であれば出願の分割を行うことができます。問題文の状態では明細書等の補正が可能です。）

2-19 実用新案登録に基づく特許出願

実用新案登録に基づく特許出願は，実用新案権の設定の登録後に，特許に乗り換えるための特許出願です（特許法46条の２）。出願係属中ではなく，実用新案登録後に特許出願とする点で**出願の変更**とは異なります。

1 手続の概要

実用新案登録がされ，**実用新案権が発生した後**に，その実用新案登録の明細書等に記載した発明について**特許出願**を行い，**実用新案権を放棄**します。特許出願の願書には，実用新案登録に基づく特許出願であることを表示し，基礎となる実用新案登録を特定します。これにより，その特許出願は，**実用新案登録出願のときに出願したもの**とみなされます。

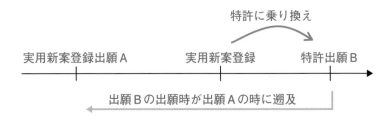

2 趣旨

実用新案登録出願は，出願してから実用新案権の設定登録を受けるまでの期間が短いため，**出願の変更の機会が非常に制限**されています。

このような状況においては，技術動向の変化や事業計画の変更に伴い審査を経た安定性の高い権利（特許権）を取得したい場合，あるいは，権利についてより長期の存続期間が確保されるようにしたい場合などに対応することが困難となります。

そこで，実用新案登録後に特許出願へ乗り換える手続として，実用新案登録に基づく特許出願が認められています。

まとめcheck　実用新案登録に基づく特許出願は，実用新案登録の日から３年以内であれば行うことができる。○か×か。

3 時期的な制限

　以下の場合には実用新案登録に基づく特許出願を行うことができません（特許法46条の2第1項）。

---

①　実用新案登録出願の日から3年を経過したとき
②　実用新案登録出願人または実用新案権者から技術評価請求※1があったとき
③　他の者が技術評価請求※1をした旨の最初の通知を受けた日から30日を経過したとき
④　実用新案登録無効審判※2において最初に指定された答弁書提出期間を経過したとき

※1　技術評価請求とは，実用新案権が登録された後に権利の有効性を特許庁に評価したもらうための請求です。実用新案法においては，登録前には新規性・進歩性などの審査を行わず，登録後，実用新案権を行使する際に権利の有効性を特許庁に評価してもらう制度としています。
※2　実用新案登録無効審判とは，実用新案登録に新規性違反・進歩性違反などの無効理由があることを理由として，特許庁に登録の無効化を請求する手続です。

4 内容的な制限

　実用新案登録に基づく特許出願の明細書，特許請求の範囲，図面に記載することができるのは，実用新案登録の願書に添付した明細書，実用新案登録請求の範囲および図面に記載された事項です（特許法46条の2第2項）。この範囲を越えて新規事項を追加すると，出願時の遡及効が得られません。

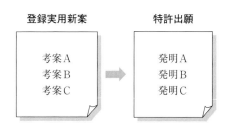

登録実用新案　　　　特許出願

考案A　　　　　発明A
考案B　　　　　発明B
考案C　　　　　発明C

第2章
特許法（国内出願）

Answer　　×（実用新案登録出願の日から3年を経過すると認められません。）

2-20 優先権

特許出願において，先に行われた特許出願または実用新案登録出願（以下「先の出願」）に基づく**優先権を主張**すると，優先権主張を伴う特許出願の特許請求の範囲に記載された発明のうち，先の出願の明細書等に記載された発明は，先の出願の時に出願したように扱われます。優先権を主張できるのは先の出願から１年以内です。

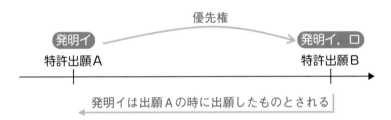

1 パリ条約の優先権と国内優先権

優先権にはパリ条約の優先権と国内優先権があります。

パリ条約の優先権は，パリ条約に規定された優先権であり，先の出願は日本以外のパリ条約の同盟国での出願になります（パリ条約４条）。

国内優先権は，日本国特許法に規定された優先権であり，先の出願は日本国内での出願になります（特許法41条）。

(1) パリ条約の優先権の趣旨

外国での特許取得を目指す出願人は，その外国の国民に比べて，言語的・地理的に不利な立場にあり，出願に時間を要するのが通常です。

そこで，パリ条約においては，パリ条約の同盟国（通常は出願人の自国）における最初の出願に基づく優先権を主張して他の同盟国で出願することを認めています。

まとめcheck パリ条約の優先権を主張した場合，優先権主張の基礎とされた先の出願は取り下げたものとみなされる。○か×か。

⑵ 国内優先権の趣旨

　基礎発明について特許出願を行った後に，改良発明を完成させた場合，その特許出願に改良発明を追加する補正は新規事項の追加となり，認められません。また，改良発明について別途の特許出願を行うと，先の出願との関係において，発明が実質的に同一であるとして，先願主義（特許法39条）が適用される可能性があります。

　そこで，国内優先権を認めることにより，先の出願の発明と改良発明とを1つの出願にまとめ，先の出願の発明については先の出願時の利益を維持できるものとすることで，包括的で漏れのない権利取得を可能としています。

2 優先権主張の手続

　パリ条約の優先権を主張するためには，①その旨，先の出願の国名および先の出願の出願日を記載した書面と，②先の出願の内容を証明する優先権証明書を特許庁に提出する必要があります（特許法43条）。

　一方，国内優先権を主張するためには，その旨および先の出願を特定する表示を記載した書面を特許庁に提出する必要があります（特許法41条4項）。

3 先の出願の取下擬制

　国内優先権主張を行った場合，先の出願は，その出願から1年4か月経過後に取り下げたものとみなされます（特許法42条）。

　一方，パリ条約の優先権主張を行っても，先の出願は取り下げたものとはみなされず，複数の国で特許の取得を目指すことができます。

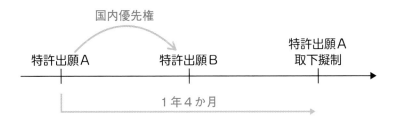

Answer　×（先の出願が取下擬制となるのは，国内優先権主張の場合です。）

2-21 特許権の存続期間と延長登録

1 特許権の存続期間

　特許権は，設定登録により発生し，出願から20年で存続期間の満了により消滅します。ただし，所定の場合，存続期間の延長が認められます。

　特許権が実際に存続する期間は，出願から設定登録までの期間を20年から除いた期間となります。例えば，出願から設定登録まで4年かかった場合，特許権が存続できる期間は「20年－4年＝16年」となります。

2 特殊な出願との関係

　分割出願，変更出願，実用新案登録に基づく特許出願について特許権が設定登録された場合，<u>もとの出願</u>の出願日から20年で存続期間が満了します。

　一方，優先権主張を伴う特許出願について特許権が設定登録された場合，優先権主張の基礎となった出願の出願日ではなく，<u>優先権主張をした出願（後の出願）</u>の出願日から20年で存続期間が満了します。

| 分割，変更，実用新案登録に基づく特許出願 | 先の出願日から20年 |
| 優先権主張を伴う特許出願 | 後の出願日から20年 |

3 存続期間の延長

　存続期間の延長には次の2種類があります。

まとめcheck　特許権の存続期間は特許権の設定登録の日から20年で終了する。○か×か。

● 審査に時間を要した場合の延長（特許法67条2項）
● 他の法律により実施が制限された場合の延長（特許法67条4項）

---

(1)　審査に時間を要した場合の延長

　特許権の設定の登録が以下のいずれか遅い日（基準日）以後にされたときは，**存続期間を延長**することができます（特許法67条2項）。

---

① 　特許出願の日から5年を経過した日
② 　出願審査請求があった日から3年を経過した日

　延長できる期間は，**基準日から設定登録までの間の期間**から，**出願人の事情によって要した期間**などを控除した期間となります（特許法67条3項）。

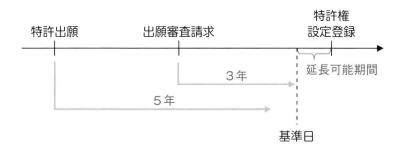

(2)　他の法律により実施が制限された場合の延長

　農薬取締法，薬機法（旧薬事法）の登録・承認等が必要であるために，特許発明を実施することができない期間があった場合，5年を限度として存続期間の延長を認めています（特許法67条4項）。

(3)　延長のための手続

　存続期間の延長を受けるためには，特許権者が**延長登録出願**を行い，延長登録をすべきか否かの審査を受け，延長が認められる必要があります。

Answer ｜　×（特許出願の日から20年で終了します。）

2-22 拒絶査定不服審判と前置審査

1 拒絶査定不服審判

　拒絶査定不服審判とは，拒絶査定を受けた者がこれに不服である場合に拒絶査定の取消しと特許を求める手続です（特許法121条）。拒絶査定不服審判においては，複数の審判官が拒絶査定の妥当性を審理します。審判請求の対象となる拒絶査定は，**特許出願**に対するものと**延長登録出願**に対するものがあります。

審査　　　　　　　　　　審判

審査官　　　　　審判官　審判官　審判官

(1)　審判請求の時期

　拒絶査定不服審判の請求は，**拒絶査定の謄本の送達日**から３か月以内に行わなければなりません（特許法121条１項）。ただし，当該期間内に請求できなかった理由がある場合には，当該期間の後でも請求が認められることがあります（特許法121条２項）。

特許出願　審査請求　拒絶理由通知　拒絶査定　審判請求

３か月以内

(2)　拒絶理由通知

　審判において拒絶査定の理由と異なる拒絶理由が発見された場合には，出願人に拒絶理由が通知されます（特許法159条２項）。これに対し，出願人は**手続補正書**および**意見書**により応答することができます。

まとめcheck　拒絶査定不服審判の請求時に明細書のみの補正を行った場合，前置審査が行われる。○か×か。

⑶ **審決**

審理の結果，特許または延長登録をすべきとの結論に至った場合には，その旨の審決がなされます（特許法157条）。一方，特許または延長登録をすべきでないとの結論に至った場合，拒絶審決がなされます（特許法157条）。拒絶審決に対して不服がある場合には，**審決謄本の送達**から30日以内に審決取消訴訟（特許法178条）を提起することができます。拒絶査定または拒絶審決は，不服申立手段（審判請求，訴訟提起）が尽きたときに**確定**し，**効力**が生じます。

2 前置審査（特許法162条）

前置審査とは，拒絶査定不服審判の請求時に明細書等について補正があった場合に，審判官の合議体による審理に先立ち，審査官が再度行う審査です。

⑴ **前置審査の趣旨**

審判請求時に補正があった場合，その拒絶査定をした審査官に再審査（前置審査）をさせることで，審判官が処理すべき事件の件数を減らし，審判の促進を図ることを目的としてます。

⑵ **前置審査の結果**

前置審査の結果，審査官が特許をすべきと判断した場合，拒絶査定を取り消し，特許査定をします。一方，審査官が特許をすべきでないと判断した場合，審判官の合議体の審理が行われます。

Answer ○（特許請求の範囲の補正を行わなくても，前置審査は行われます。）

2-23 特許異議申立て

1 特許異議申立て制度とは

　特許異議申立て制度は，特許付与後の一定期間に限り，広く一般に特許の見直しを求める機会を付与し，申立てがあったときは，特許庁が当該特許処分の適否について審理し，当該特許に瑕疵があるときは，その是正を図る制度です（特許法113条）。

(1) 特許異議申立てが可能な期間

　特許異議の申立期間は，特許が付与されたことを公示する特許掲載公報の発行の日から6か月間です（特許法113条1項）。

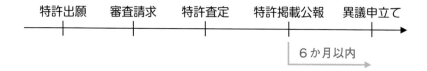

(2) 異議申立てができる者

　特許に下記の異議申立理由があると考える者は，<u>誰でも</u>異議を申し立てることができます。ただし，特許庁に対し，申立ての理由を記載した特許異議申立書を提出し，請求項の数に応じた手数料を納付する必要があります。

(3) 異議申立理由

　新規性，進歩性，拡大された先願の地位，先願主義，補正要件などに反して特許が認められたことが異議申立理由となっています（特許法113条1項各号）。一方，発明の単一性違反のような**形式的な要件**に**違反**することや，冒認出願のように**権利の帰属に関する要件**に**違反**することは異議申立理由にはなっていません。

まとめcheck　特許発明が発明の単一性の要件を満たしていないことを理由として特許異議申立てをすることはできない。○か×か。

⑷　特許異議申立ての審理

　特許異議申立ての審理は，拒絶査定不服審判と同様に，３人または５人の審判官により行います。審理の結果，特許を取り消すべきと判断した場合，特許権者に取消理由が通知され，意見書を提出する機会が与えられます。

2 特許権者の対応

　取消理由が通知された特許権者は，取消理由が妥当でないと考える場合，意見書により反論することが可能です。

　一方，取消理由が妥当と考える場合，特許権者は，願書に添付した明細書等の訂正を請求して，取消理由の解消を目指すことができます。特許異議申立てがされている段階では既に特許権が設定登録されており，特許出願は特許庁に係属していないため，特許出願の補正はできません。

⑴　審理終了後の決定

　審理の結果，審判官の合議体が特許を取り消すべき場合は取消決定がなされ，特許を維持すべき場合は維持決定がなされます。

⑵　不服申立て

　取消決定に対して不服がある特許権者は，取消決定の謄本の送達があった日から30日以内に，東京高等裁判所に審決等取消訴訟を提起することができます（特許法178条）。一方，異議申立人が維持決定に対して不服がある場合であっても，これに対して不服を申し立てる手段はありません。この場合，新たに特許無効審判（特許法123条）を請求することができます。

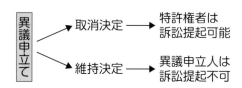

2-24 特許無効審判・延長登録無効審判

1 特許無効審判とは

　特許無効審判とは，特許要件を満たさない発明に特許が付与された場合など
に，**特許を無効にし，特許権を遡及的に消滅させる手続**です（特許法123条）。
特許異議申立てに似た制度ですが，主に**無効理由**と**請求期限**において異なって
います。

(1) 趣旨

　特許出願の審査において完全を期することは難しく，**瑕疵ある特許が成立**す
る場合があります。このような瑕疵ある特許を放置しておくと，特許権者に不
当な保護を与え，本来自由に実施できる第三者の発明の実施を制限し，産業の
発達を阻害することになります。そこで，特許無効審判により，瑕疵ある特許
を無効にできることとしています。

(2) 無効理由

　新規性，進歩性，先願主義などの特許要件を満たさないにもかかわらず特許
が付与されていることが無効理由となっています。また，特許異議申立てとは
異なり，共同出願違反・冒認出願といった「権利の帰属に関する要件」に違反
することや，特許付与後の明細書等についての訂正が法上の要件に違反するこ
とも無効理由となっています。

(3) 請求期限

　特許異議申立てとは異なり，特許無効審判に請求期限はなく，特許権の消滅
後であっても請求できます（特許法123条3項）。特許権の消滅後の請求を認め
ているのは，過去の行為に対する損害賠償請求などに対抗できるようにするた
めです。

まとめcheck　特許権消滅後に特許無効審判を請求できることはない。○か×か。

	請求期限	申立理由・無効理由
特許異議申立て	特許公報発行から6か月	権利帰属に関するものはなし
特許無効審判	なし	権利帰属に関するもの，訂正要件違反も含む

(4) 審理

　特許異議申立てと同様に3人または5人の審判官によって審理されます。特許権者は，無効理由がないことを主張したり，訂正の請求（特許法134条の2）により特許請求の範囲を減縮する等，特許が無効になるのを防ぐ手続を行うことができます。

(5) 審決

　審理の結果，特許を無効とするか否かの審決が下されます。審決に不服がある当事者等は，東京高等裁判所に審決取消訴訟（特許法178条）を提起することができます。審決は不服申立手段が尽きたときに確定します。

　特許の無効が確定した場合，原則として，**初めから特許権が存在しなかった**ことになります。後発的に生じた無効理由（特許法123条1項7号）によって無効になった場合は，その**無効理由が生じた時まで**さかのぼって存在しなかったものとみなされます（特許法125条）。

2 延長登録無効審判

　延長登録無効審判とは，特許権の存続期間の延長登録が所定の無効理由に該当する場合に，その**延長登録を無効**にする手続です（特許法125条の2）。過誤により登録になった延長登録を消滅させることができます。

Answer　×（特許権の消滅後であっても請求可能です（特許法123条3項）。）

2-25 | 訂正審判と訂正の請求

1 訂正審判と訂正の請求の相違点

特許権が設定登録された後，特許権者は，所定の条件の下で，明細書，特許請求の範囲または図面を訂正することができます。訂正は，特許権が設定登録された後に，明細書等の誤記を訂正したり，異議申立て理由または無効理由が発見された場合に，その理由を解消するために行います。

(1) 「訂正審判」と「訂正の請求」

訂正の方法としては，審判を請求する**訂正審判**と，特許異議申立てまたは特許無効審判の手続の中で行う**訂正の請求**があります（特許法120条の5第2項，126条，134条の2）。

(2) 「訂正審判」と「訂正の請求」の関係

訂正審判は，特許異議申立てまたは特許無効審判が特許庁に係属した時からその決定または審決が確定するまでは，請求できません（特許法126条2項）。

一方，**訂正の請求**は，特許異議申立てまたは特許無効審判が特許庁に係属している間の所定の期間しか請求できません。

2 訂正の目的

(1) 訂正の目的の制限

訂正の目的は，以下に掲げるものに制限され，これ以外を目的とする訂正は

まとめcheck　特許権が設定登録された後，訂正審判を請求して，特許請求の範囲を拡張することができる。○か×か。

認められません。

---
① 特許請求の範囲の減縮
② 誤記または誤訳の訂正
③ 明瞭でない記載の釈明
④ 他の請求項の記載を引用する請求項の記載を当該他の請求項の記載を引用しないものとすること

請求項の削除は，上記「① 特許請求の範囲の減縮」に含まれます。

(2) その他の要件

上記訂正の目的のほか，以下の要件を満たさなければなりません。

● 新規事項追加の禁止（特許法126条5項）
● 特許請求の範囲の拡張・変更の禁止（特許法126条6項）
● 訂正後の発明が特許を受けられる発明であること（特許法126条7項）
---

3 訂正要件の審理

上記訂正の要件は，**訂正審判**を請求した場合には，訂正審判を担当する審判官の合議体が，訂正要件を満たすか否かの審理を行います。一方，**訂正の請求**の場合，特許異議申立てまたは特許無効審判を担当する審判官の合議体が，訂正の要件を満たすか否かの審理を行います。訂正の要件を満たす場合，訂正後の発明に異議申立て理由または無効理由があるか否かを審理します。

4 訂正の効果

訂正が認められた場合，その訂正後における明細書，特許請求の範囲または図面により特許出願，出願公開，特許をすべき旨の査定または審決および特許権の設定の登録がされたものとみなされます（特許法128条）。

Answer ×（訂正目的の要件を満たさないため，認められません。）

2-26 特許権の効力

1 特許権者の権利

特許権者は，業として特許発明を実施する権利を専有します（特許法68条）。特許権者以外の者は，業として特許発明を実施することができません。

(1) 「業として」とは

「業として」とは，事業としてという意味です。個人的・家庭的な行為であれば，特許権を侵害しません。

(2) 「実施」とは

「実施」とは，発明品の製造，使用，譲渡，発明方法の使用や，発明に係る方法の使用等を意味します（特許法2条3項）。

(3) 「専有」とは

「専有」とは，特許権者だけが特許発明を業として実施する権利を有することを意味します。

2 特許権の侵害

権利者以外の者が，特許権者の許諾を得ずに，業として特許発明を実施すれば，特許権を侵害することとなります。この場合，特許権者は，**実施の停止**（特許法100条）や実施により生じた**損害の賠償**を請求することができます（民法709条）。

3 権利消尽

特許発明品の販売は特許発明の実施に該当しますが，特許権者が適法に販売した特許発明品を購入して他者に転売する場合，特許権の効力は及ばないと解

まとめcheck　特許発明を実施しても，事業としてではなく，個人的な行為であれば特許権の効力は及ばない。○か×か。

釈されています（平成18年（受）第826号）。これを権利消尽と呼びます。

4 特許権の効力範囲

　特許権の効力範囲は，特許請求の範囲に基づいて定められます（特許法70条）。対象製品が特許請求の範囲に記載された全ての要素を含む場合に特許権の効力が及びます（オールエレメントルール）。例えば，特許請求の範囲に「AとBとCを有する自転車」とある場合，原則として，AとBとCを全て有する自転車でなければ，特許権の効力が及びません。均等侵害や間接侵害と呼ばれる例外はあります。

| 事例 | 特許発明＝A＋B＋Cの場合，特許権の効力が及ぶ範囲はどうなるか。 |

特許権の効力が及ぶ	特許権の効力が及ばない
A＋B＋C，A＋B＋C＋D	A＋B，A＋B＋D，B＋C

5 特許権の効力の制限

　試験または研究を目的とする特許発明の実施や（特許法69条），所定の要件を満たすことにより発生する実施権（法定通常実施権）を有する者による特許発明の実施などに対しては特許権の効力は及びません（特許法79条等）。

Answer ○（特許権の効力は事業としての行為にのみ及びます（特許法68条）。）

2-27 利用と抵触

特許発明が，**先願に係る他の権利の保護対象を利用**する場合，または，**特許権が先願に係る他の権利と抵触**する場合，特許権者は，先願の権利者に無断で特許発明を実施することはできません（特許法72条）。

1 「利用」とは

利用とは，発明などの創作物が他の創作物を包含しており，創作物を実施すると，他の創作物も実施することになる関係をいいます。利用は，発明，実用新案，意匠の間で生じます。

2 利用の事例

事例　甲社は，特殊な機械部品Aについて特許出願Xを行い，特許を取得しました。乙社は，特許出願Xの日後に，部品Aを組み込んだ装置Bについて特許出願Yを行い，装置Bについて特許を取得しました。

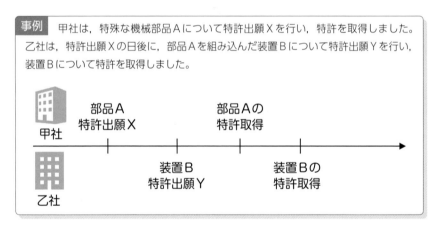

この場合，装置Bの発明は，部品Aの発明を利用するため，乙社は，甲社に無断で装置Bを業として実施すると，甲社の特許権を侵害することになります。ただし，乙社が，甲社が販売した部品Aを購入して装置Bを業として実施する場合には，部品Aの特許権が消尽するため，甲社の特許権を侵害しません。

まとめcheck　特許権者であっても，自己の特許発明を業として実施できない場合がある。○か×か。

3 「抵触」とは

　抵触とは，同一の対象について異なる権利が重複して設定され，保護対象を実施すると，他の保護対象を実施することになる関係をいいます。抵触は，先願主義が適用されない権利の間で生じます。例えば，特許権と意匠権，特許権と商標権の間で生じます。

4 抵触の事例

> **事例**　甲社は，特殊な形状をしたハサミAについて意匠登録出願Xを行い，意匠登録を受けました。乙社は，意匠登録出願Xの日後に，ハサミAを含むハサミの発明Bについて特許出願Yを行い，発明Bについて特許を取得しました。

　この場合，乙社が特許を取得した発明BにはハサミAが含まれるため，乙社の特許権はハサミAについても効力を有します。しかし，発明Bの特許権は，ハサミAについての甲社の意匠権と抵触するため，乙社は，甲社に無断でハサミAを業として実施することはできません。

　ただし，乙社の実施が制限されるのは，甲社の意匠権の効力が及ぶ範囲に限られます。乙社は，発明Bの範囲内で，甲社の意匠権の効力が及ばない発明（ハサミAと類似しないハサミ）を業として実施することは可能です。

Answer　○（利用・抵触により実施が制限される場合があります。）

2-28 間接侵害

特許法101条は，特許発明の業としての実施（特許法68条）には該当しない
けれども**特許権の侵害に到る可能性の高い行為**を，**特許権または専用実施権の
侵害**とみなします。この侵害を**間接侵害**と呼びます。これに対し，特許発明の
業としての実施による侵害を**直接侵害**と呼びます。

1 間接侵害の事例

> **事例** 甲は，特殊な自転車用フレームＡを備えることを特徴とする自転車Ｘについて
> 特許権を有している。乙は，甲に無断で，自転車用フレームＡを製造し，販売する事
> 業を行っている。

この事例において，乙は，自転車Ｘを製造・販売しているのではないため，
甲の特許権の直接侵害には該当しません。しかし，乙から自転車用フレームＡ
を購入した者は，自転車Ｘを製造することになり，甲の利益が害されるおそれ
があります。そこで，自転車用フレームＡを製造，販売する行為も，甲の特許
権の侵害とみなし，差止め，損害賠償の請求等を可能としています。

2 間接侵害の類型

間接侵害には以下の６個の類型があります（特許法101条）。

① 物の特許発明のための専用品の生産等
② 物の特許発明のための不可欠品の生産等
③ 物の特許発明の直接侵害品の所持
④ 方法の特許発明のための専用品の生産等
⑤ 方法の特許発明のための不可欠品の生産等
⑥ 物を生産する方法の特許発明により製造した物の所持

上記６つの類型は，物の特許発明に関する①〜③と，方法の特許発明に関す
る④〜⑥に分けることができ，①と④，②と⑤，③と⑥が対応します。

まとめcheck 特許が付与された物の生産にのみ用いる物を，業として所持する行為は特許権の侵
害とみなされる。〇か×か。

(1) 上記①，④の類型（専用品）

　特許が付与された物の生産に<u>のみ</u>用いる物（上記①），または，特許が付与された方法の使用に<u>のみ</u>用いる物（上記④）を，業として，生産，譲渡等もしくは輸入または譲渡等の申出をする行為が特許権の侵害とみなされます。

(2) 上記②，⑤の類型（不可欠品）

　特許が付与された物の生産に用いる物（上記②），または，特許が付与された方法の使用に用いる物（上記⑤）であって，発明による課題の解決に不可欠なものにつき，その発明が特許発明であることおよびその物がその発明の実施に用いられることを知りながら，業として，その生産，譲渡等もしくは輸入または譲渡等の申出をする行為が特許権等の侵害とみなされます。

　上記①，④の類型とは異なり，対象となる物が特許発明以外の用途に用いられるものであっても，特許発明に不可欠なものである等の要件を満たす場合には，特許権の侵害とみなすこととしています。

(3) 上記③，⑥の類型（所持）

　特許が付与されている物（上記③），または，特許が付与された物を生産する方法によって生産された物（上記⑥）を，業としての譲渡等または輸出のために<u>所持</u>する行為が特許権の侵害とみなされます。つまり，所定の目的で直接侵害を構成する物を所持する行為が対象となっています。

	物の発明	方法の発明
専用品	①	④
不可欠品	②	⑤
所持	③	⑥

Answer　×（特許が付与された物の生産にのみ用いる物の所持は特許権の侵害とみなされません。）

2-29 均等論

特許権の効力は，特許請求の範囲に記載された**発明特定事項を全て満たす発明の実施に対して及ぶのが原則**です（オールエレメントルール）。均等論は，この原則に対する例外として，判例により認められている解釈です（ボールスプライン軸受事件（平成6年（オ）第1083号））。

1 均等論が適用される場合の効果

均等論が適用される場合，特許請求の範囲に記載された**発明特定事項の一部を満たさない発明の実施に対しても特許権の効力が及びます**。例えば，特許請求の範囲に記載されている発明が，発明特定事項A，BおよびCを含む場合に，他社が実施する製品が，発明特定事項AおよびBは満たすものの，発明特定事項Cの代わりにDを用いているときでも特許権の効力が及ぶことがあります。

2 均等論の趣旨

特許出願の際に将来のあらゆる侵害態様を予想して明細書の特許請求の範囲を記載することは極めて困難であり，相手方において特許請求の範囲に記載された構成の一部を特許出願後に明らかとなった物質・技術等に置き換えることによって，特許権者による差止め等の権利行使を容易に免れることができるとすれば，社会一般の発明への意欲を減殺することとなります。

これは，発明の保護，奨励を通じて産業の発達に寄与するという特許法の目的に反するばかりでなく，社会正義に反し，衡平の理念にもとる結果となりま

まとめcheck 特許請求の範囲に記載された特許発明とわずかでも異なる部分があれば，特許権の効力が及ぶことはない。○か×か。

す。

　このような点を考慮すると，特許発明の実質的価値は第三者が特許請求の範囲に記載された構成からこれと実質的に同一なものとして容易に想到（そうとう）することのできる技術に及び，第三者はこれを予期すべきと言えます。

3 均等論が適用される要件

　以下の要件を満たす場合に均等論が適用されます。

> 　特許請求の範囲に記載された構成中に対象製品等と異なる部分が存し，
> ①　右部分が特許発明の本質的部分ではなく，
> ②　右部分を対象製品等におけるものと置き換えても，特許発明の目的を達することができ，同一の作用効果を奏するものであって，
> ③　右のように置き換えることに，当該発明の属する技術の分野における通常の知識を有する者が，対象製品等の製造等の時点において容易に想到することができたものであり，
> ④　対象製品等が，特許発明の特許出願時における公知技術と同一又は当業者がこれから右出願時に容易に推考できたものではなく，かつ，
> ⑤　対象製品等が特許発明の特許出願手続において特許請求の範囲から意識的に除外されたものに当たるなどの特段の事情もない

　上記①の要件は，例えば，発明特定事項Ａ＋Ｂ＋Ｃの上記事例においては，発明特定事項Ｃが特許発明の本質的部分でないことを意味しています。

　上記④の要件は，特許出願時に新規性・進歩性を有さない発明に対して特許権の効力が及ぶべきではないという考えに基づく要件です。

Answer　　×（均等論が適用される場合には特許権の効力が及びます。）

2-30 専用実施権と通常実施権

　特許権者以外の者が特許発明を業として実施することを認める権利として，専用実施権と通常実施権があります（特許法77条，78条）。

　専用実施権を有する者（専用実施権者）は，専用実施権を設定した範囲で他者の実施を排除して**特許発明を業として独占的に実施**できます。

　これに対し，通常実施権を有する者（通常実施権者）は特許権者から特許権の行使を受けることなく特許発明を業として実施できるに止まります。

1 専用実施権の発生

　専用実施権は，専用実施権を取得しようとする者が特許権者と契約を交わした上で，**特許庁**で専用実施権の設定登録を受けることで発生します（特許法98条）。これ以外の事情で専用実施権が発生することはありません。

2 通常実施権の発生

　通常実施権は，以下のいずれかによって発生します。

①　特許権者または専用実施権者による許諾
②　法律で定められた要件の充足
③　特許庁長官または経済産業大臣による裁定

　上記①の場合，契約の成立により発生し，専用実施権とは異なり，**特許庁での登録は不要**です。特許権に専用実施権が設定されている場合，専用実施権者は，特許権者の承諾を得て，通常実施権を許諾することができます。

　上記②によって発生する通常実施権は法定通常実施権と呼ばれます。

　上記③によって発生する通常実施権は裁定通常実施権と呼ばれます。

まとめcheck　　専用実施権は，特許権者の承諾なく，法上の要件のみを満たすことによって発生する場合がある。○か×か。

3 専用実施権の効力

　専用実施権を有する者は，設定行為で定めた範囲内において，業としてその特許発明の実施をする権利を専有します（特許法77条2項）。したがって，専用実施権が設定された範囲内で他の者が業として特許発明を実施すれば，専用実施権を侵害します。専用実施権を設定した範囲では特許権者も業として特許発明を実施することはできません（特許法68条ただし書）。

4 専用実施権の行使

　専用実施権者は，専用実施権を侵害された場合，侵害者に対して**侵害行為の停止**を求めたり（差止請求，特許法100条），侵害行為により生じた**損害の賠償**を求めること（損害賠償請求，民法709条）ができます。専用実施権についての間接侵害も成立します（特許法101条）。

特許権者　　　専用実施権者　　　侵害者

設定　　　　　差止め/賠償請求

5 通常実施権の効力

　通常実施権者は，**法律で定められた範囲**または**設定行為で定めた範囲**で，業として特許発明を実施する権利を有します（特許法78条2項）。専用実施権とは異なり，他者の実施に対しては権利の効力が及びません。

特許権者　　　通常実施権者　　　第三者

許諾　　　　　効力が
　　　　　　　及ばない

Answer　　× （専用実施権には，法定通常実施権のような発生原因はありません。）

2-31 仮専用実施権と仮通常実施権

専用実施権，通常実施権が特許権の成立後に設定・許諾される実施権であるのに対し，**仮専用実施権**，**仮通常実施権**は，特許出願の段階で，設定・許諾する実施権です（特許法34条の2，34条の3）。

1 仮専用実施権の発生

仮専用実施権は，仮専用実施権を取得しようとする者が特許を受ける権利を有する者と仮専用実施権の設定の契約を交わした上で，**特許庁で仮専用実施権**の設定登録を受けることで発生します（特許法34条の4）。

2 仮専用実施権の設定が可能な範囲

仮専用実施権は，特許出願の願書に最初に添付した明細書，特許請求の範囲または図面に記載した事項の範囲内において，設定することができます。特許請求の範囲に記載された発明に限られません。明細書または図面に記載した発明が補正により特許請求の範囲に追加されて特許が付与される可能性があるためです。

3 仮専用実施権の効力

仮専用実施権者は，仮専用実施権を設定した範囲で特許出願に係る発明を実施することができます。つまり，特許出願の係属中にその発明を実施しても，補償金（特許法65条）の支払いの請求を受けません（特許法65条3項）。なお，仮専用実施権には，専用実施権のように他者の実施を制限する効力はありません。

仮専用実施権を設定した出願について特許が成立すると，その特許について，仮専用実施権を設定した範囲で，専用実施権が設定されたものとみなされます（特許法34条の2第2項）。

まとめcheck 仮専用実施権者は，特許を受ける権利を有する者以外の者が特許出願に係る発明を業として実施している場合，その停止を求めることができる。○か×か。

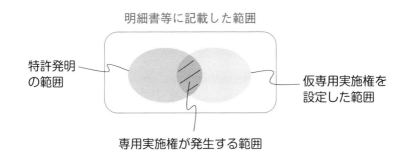

明細書等に記載した範囲

特許発明
の範囲

仮専用実施権を
設定した範囲

専用実施権が発生する範囲

4 仮通常実施権の発生

仮通常実施権は，特許を受ける権利を有する者または仮専用実施権者の許諾によって発生します。特許庁での登録は必要ありません。仮専用実施権者が仮通常実施権を許諾する場合，特許を受ける権利を有する者（特許出願人）の承諾を得る必要があります（特許法34条の２第４項）。

5 仮通常実施権の許諾可能範囲

仮専用実施権と同様に，特許出願の願書に最初に添付した明細書，特許請求の範囲または図面に記載した事項の範囲内で許諾することができます。

6 仮通常実施権の効力

仮専用実施権と同様に，仮通常実施権者は，仮通常実施権を許諾された範囲で特許出願に係る発明を実施することができます。また，仮通常実施権を設定した出願について特許が成立すると，その特許について，通常実施権が許諾されたものとみなされます（特許法34条の３第２項）。

Answer　× （仮専用実施権には他者の実施を制限する効力はありません。）

2-32 法定通常実施権①

法定通常実施権とは，法律に定められた要件を充足することによって発生する通常実施権です。**法定通常実施権者**は，法律で定められた範囲で特許発明を実施できます。専用実施権のような登録を受ける必要はありません。

1 法定通常実施権の種類

特許法には以下の法定通常実施権が規定されています。

- 職務発明についての法定通常実施権（特許法35条1項）
- 先使用による法定通常実施権（特許法79条）
- 特許権の移転登録前の実施による法定通常実施権（特許法79条の2）
- 無効審判の請求登録前の実施による法定通常実施権（特許法80条）
- 意匠権の存続期間満了後の法定通常実施権（特許法81条，82条）
- 再審による特許権の回復前の実施等による法定通常実施権（特許法176条）

(1) 職務発明についての法定通常実施権

職務発明で学習した法定通常実施権です。従業者等が特許を取得した発明が職務発明である場合，使用者等に無償で特許発明を実施する権利が与えられます。発明に対する使用者等の貢献を考慮した規定です。

(2) 先使用による法定通常実施権

特許発明と同一の発明を，その特許出願前から実施等している者に認められる法定通常実施権です（特許法79条）。先使用権と呼ばれます。

2 先使用権の趣旨

他者の特許出願前から独自に発明を完成させ，その発明を実施等していた者が，他者が特許を取得することによって実施を継続できなくなるのは著しく公平の観念に反するため，先使用権が認められています。

まとめcheck 先使用権は，発明者のみに認められる。○か×か。

3 先使用権の要件

以下の要件を満たした上で特許権が設定登録されることにより発生します。

---
① 特許出願に係る発明の内容を知らないで自らその発明をし，または特許出願に係る発明の内容を知らないでその発明をした者から知得したこと
② 特許出願の際現に日本国内においてその発明の実施である事業をしている，またはその事業の準備をしていること

他者が特許を取得した発明と同じ発明を自ら完成した者であっても，**特許出願前から実施または実施の準備**をしていなければ，先使用権は認められず，その発明を業として実施することはできません。

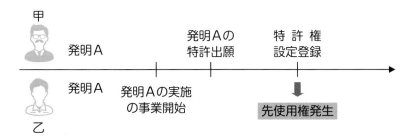

4 先使用権の効力

先使用権者は，特許出願の際に実施または準備をしていた発明および事業の目的の範囲内において，通常実施権を有します。つまり，特許出願の際に行っていた事業を継続することができます。先使用権は通常実施権であるため，特許権のように他者の実施を制限する効力はありません。

Answer × （発明をした者から知得した場合も先使用権が認められます。）

2-33 法定通常実施権②

1 特許権の移転登録前の実施による法定通常実施権

　共同出願（特許法38条）に違反して，または，冒認出願によって特許が付与された場合，**真の権利者**は，**特許権の移転**を求めることができます（特許法74条）。この移転前に，共同出願違反または冒認出願により特許が付与されたことを知らないで，日本国内で特許発明の実施である事業等を行っていた特許権者や実施権者には**法定通常実施権**が認められます（特許法79条の２）。

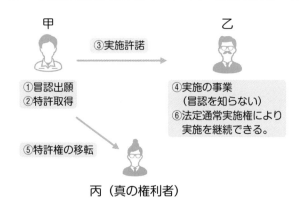

甲

③実施許諾

乙

①冒認出願
②特許取得

④実施の事業
　（冒認を知らない）
⑥法定通常実施権により
　実施を継続できる。

⑤特許権の移転

丙（真の権利者）

2 無効審判の請求登録前の実施による法定通常実施権

　特許が無効とされた場合，無効理由があることを知らないで，特許無効審判の請求の登録前に日本国内で特許発明の実施の事業等をしていた特許権者または実施権者には，同一発明について他の者が取得した特許権について法定通常実施権が認められます（特許法80条１項）。**特許庁の審査を信じて実施していた原権利者を保護する規定**です。この法定通常実施権は，中用権（ちゅうようけん）と呼ばれることがあります。

まとめcheck　特許を無効にされた原特許権者は，同一発明についての他の特許権について常に法定通常実施権を有する。○か×か。

3 意匠権の存続期間満了後の法定通常実施権

　特許出願の日前または同日の意匠登録出願に係る意匠権がその特許出願に係る特許権と抵触する場合に，その意匠権の存続期間が満了したときは，その原意匠権者は，**原意匠権の範囲内**において，当該特許権またはその専用実施権について通常実施権を有します（特許法81条，82条）。原意匠権者の保護を図る規定です。

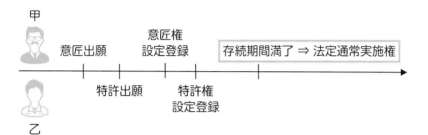

4 再審による特許権の回復前の実施等による法定通常実施権

　特許が無効とされた後に再審によって特許権が回復した場合等に，特許の無効を信じて特許発明を実施した者に実施の継続を認める権利です（特許法176条）。再審というのは，無効審判などにおいて**重大な法令違反があった場合**に，**その審決を取り消す手続**です。この法定通常実施権は後用権（こうようけん，ごようけん）と呼ばれることがあります。

Answer　×（無効理由を知らないで実施していたこと等の要件を満たさなければ，法定通常実施権は発生しません。）

第2章
特許法（国内出願）

2-34 裁定通常実施権

裁定通常実施権とは，特許庁長官または経済産業大臣による裁定によって発生する通常実施権です。所定の要件を満たす場合に，通常実施権の取得を希望する者が，特許庁長官または経済産業大臣に裁定を申請し，裁定を受けることができます。裁定通常実施権としては，以下のものがあります。

- ・不実施の場合の裁定通常実施権（特許法83条2項）
- ・自己の特許発明の実施のための裁定通常実施権（特許法92条3項，4項）
- ・公共の利益のための裁定通常実施権（特許法93条2項）

1 不実施の場合の裁定通常実施権

特許発明の実施が継続して3年以上日本国内において適当にされておらず，かつ，特許出願の日から4年を経過している場合に，特許発明の実施を希望する者と特許権者との協議が成立せず，または協議をすることができないときは，実施を希望する者は**特許庁長官の裁定**を請求できます。特許発明が実施されない場合，発明が産業の発達に直接的に寄与しないため，そのような発明の実施を希望する者に発明の実施を認めるものです。

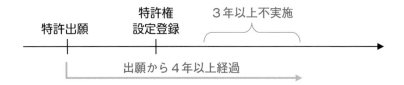

2 自己の特許発明の実施のための裁定通常実施権

利用・抵触（特許法72条）によって特許発明の実施が制限されている場合に，自己の特許発明の実施を希望する後願特許権者と先願権利者との協議が成立せず，または協議ができないときは，後願特許権者は**特許庁長官の裁定**を請求で

まとめcheck 特許法上，裁定通常実施権は3種類存在する。○か×か。

きます。後願の特許発明の実施を促すためです。

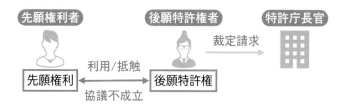

3 公共の利益のための裁定通常実施権

　特許発明の実施が<u>公共の利益のため特に必要である</u>場合に，特許発明の実施を希望する者と特許権者との協議が成立せず，または協議ができないときは，特許発明の実施を希望する者は経済産業大臣の裁定を請求することができます（特許法93条）。

　公共の利益のため特に必要であるときとは，例えば，伝染病が流行し，その伝染病の特効薬に特許が付与され，その特効薬が十分に供給されていない場合が考えられます。

4 裁定の手続

　裁定を請求する者は，裁定の種類に応じて**特許庁長官**または**経済産業大臣**に裁定請求書を提出します。裁定請求書が提出されると，権利者側に裁定請求書の写しが送られ，答弁書を提出する機会が与えられます。特許庁長官または経済産業大臣は，工業所有権審議会の意見を聞いた上で，通常実施権の設定をすべきか否かの裁定を行います。設定すべき旨の裁定においては，通常実施権の範囲，対価の額ならびにその支払の方法および時期も定められます。

第2章
特許法（国内出願）

Answer　〇（①不実施，②利用・抵触，③公共の利益の3種類があります。）

2-35 審決等取消訴訟

1 処分への不服と訴えの提起

　下記の処分に不服がある者は，**東京高等裁判所**に訴えを提起することができます（特許法178条）。この訴訟を審決等取消訴訟と呼びます。

---
(1) 特許異議申立てにおける取消決定に対する訴え
(2) 審判の審決に対する訴え
(3) 特許異議申立書の却下の決定に対する訴え
(4) 審判若しくは再審の請求書の却下の決定に対する訴え
(5) 訂正の請求書の却下の決定に対する訴え
---

(1) 特許異議申立てにおける取消決定に対する訴え

　特許異議申立てにおいて特許を取り消す決定がされた場合，特許権者は，**審決等取消訴訟**を提起できます。一方，特許を維持する決定がされた場合，特許異議申立人は，審決等取消訴訟を提起できません。維持決定に不服がある特許異議申立人は，**特許無効審判**を請求します。

(2) 審判の審決に対する訴え

　審判には**特許法に規定する全ての審判**が含まれます。すなわち，拒絶査定不服審判，特許無効審判，延長登録無効審判，訂正審判が含まれます。これらの

まとめcheck　特許異議申立てに対し維持決定を受けた申立人は，その決定について審決等取消訴訟を提起することができる。○か×か。

審判の最終的な判断である「審決」に不服がある場合には，東京高等裁判所に対して審決取消訴訟を提起することができます。

⑶〜⑸　請求書等の却下の決定に対する訴え

　特許異議申立書や審判請求書が不適法なものであるとして却下され，特許異議申立てや審判が開始されなかった場合も，その却下の決定について東京高等裁判所に審決等取消訴訟を提起することができます。

② 一審級省略

　行政処分に対する不服の訴えは，処分行政庁の所在地の地方裁判所が管轄裁判所となるのが原則です。しかし，特許庁における審判等は，裁判手続に類似する準司法的手続によって厳正に行われることから，東京地方裁判所ではなく，東京高等裁判所に訴訟を提起することとしています。

③ 訴訟提起の期限

　審決等取消訴訟の提起は，上記⑴〜⑸の**審決または決定の写しの送達があった日**から30日を経過するまでに行わなければなりません（特許法178条3項）。ただし，審判長は，遠隔または交通不便の地にある者のため，職権で，附加期間を定めることができます（同条5項）。

④ 訴訟の結果

　審決等取消訴訟により，審決または決定に違法性があるとの判決が確定した場合，審決または決定が取り消され，その判決に従って，再び特許異議申立てまたは審判の審理が行われます（特許法181条2項）。一方，審決または決定に違法性は無いとの判決が下され，訴訟を提起した者がその判決に不服がある場合，最高裁判所に上告することができる場合があります。所定の期間内に上告がない場合，審決または決定が確定し，その効力が生じます。

Answer　×（この場合，審決等取消訴訟を提起することはできません。）

2-36 侵害訴訟

1 侵害訴訟とは

　特許権または専用実施権が侵害され，これらの権利者と侵害者の協議が成立しない場合，裁判所に訴訟が提起されることがあります。訴訟において，権利者は，侵害の停止を求めたり（差止請求），侵害による損害の賠償を請求したりします（損害賠償請求）。

(1) 侵害訴訟における主張立証

　権利者が差止請求訴訟を提起した場合，原則として，権利者は，侵害者が特許権または専用実施権を侵害していることを主張立証しなければなりません。また，損害賠償請求においては，侵害行為による損害がどれだけ発生したのかを主張立証しなければなりません。しかし，これらの立証は容易ではない場合が多いため，特許法においては，権利者の立証負担を軽減する規定が置かれています。

(2) 損害額の推定等

　権利侵害による損害額の立証が困難であることから，特許法は，権利侵害があった場合，以下のいずれかの額を立証すれば，その額を損害額として，損害の賠償を請求できることとしています（特許法102条）。

<hr />

まとめcheck　　特許権を侵害した者は，その侵害の行為を故意により行ったものと推定される。○か×か。

① （侵害品の譲渡数量×単位数量当たりの利益額）＋所定のライセンス料相当額
② 侵害者の利益の額
③ ライセンス料相当額

(3) 過失の推定

損害賠償の請求は，侵害が故意または過失によるものであることが要件となっています。しかし，この立証は難しいことから，特許権を侵害した者は，その侵害の行為について過失があつたものと推定されます（特許法103条）。

(4) 生産方法の推定

物を生産する方法についての特許がある場合，**その方法を使用して生産した物**を無断で販売等する行為は，特許権を侵害します。しかし，販売された物を調べても，その物の生産方法を立証できない場合があることから，その物が特許出願前に日本国内において公然知られた物でないときは，その物と同一の物は，その方法により生産したものと推定されます（特許法104条）。

2 権利行使の制限

侵害訴訟において，特許が，特許無効審判により，または，特許権の存続期間の延長登録が延長登録無効審判により，無効にされるべきものであるときは，権利者は，相手方に対し特許権を行使することができません（特許法104条の3）。特許および延長登録は，無効審決が確定するまでは，たとえ無効理由があったとしても有効なものとして扱われます。しかし，そのような特許権の行使を認めるのは妥当でないことから，この規定が置かれています。

Answer ×（「故意」ではなく「過失」が推定されます。）

第 3 章

実用新案法
（国内出願）

3-1 実用新案法の概要

実用新案法は，特許法と同様に，技術を保護するための法律です。保護対象の共通性から，特許法と多くの点で共通していますが，実用新案権の発生前に新規性・進歩性などの登録要件を審査しない無審査登録主義を採用している点が特許法とは大きく異なります。学習する際は，この無審査登録主義を採用することにより生じる特許法との相違点を中心に押さえていくことがポイントとなります。

1 特許法との相違点の概要

特許法との主な相違点は以下の通りです。

① 実体審査がない（無審査登録主義）
② 出願公開制度がない
③ 異議申立てがない
④ 権利行使の際に実用新案技術評価書が必要
⑤ 存続期間が出願から10年まで

2 実用新案法の目的

実用新案法は，特許法と同様に産業の発達を目的としていますが（実用新案法1条），主にライフサイクルの短い技術を保護対象とする点において，特許法とは異なります。無審査登録主義を採用することにより，ライフサイクルの短い技術であっても早期に実用新案権を発生させ，保護する制度となっています。これにより，実用新案登録出願を行ってから実用新案権が設定登録されるまでの期間は数か月となっています。

3 保護対象

実用新案法の保護対象は，物品の形状，構造または組合せに係る考案に限られています。特許法では保護されますが，実用新案法では保護されないものと

まとめcheck 実用新案登録出願は，出願の日から1年6か月を経過したときは，出願公開される。○か×か。

しては，単純方法，生産方法，化学物質，植物の品種，コンピュータプログラムなどがあります。

4 無審査登録主義

実用新案法における無審査登録主義とは，出願の段階では方式的要件および基礎的要件についてのみ審査を行い，新規性・進歩性などの実体的登録要件の審査をすることなく登録を認めることをいいます。審査請求制度がないため，方式的要件および基礎的要件の審査は，原則として出願の順に行われます。

5 実用新案技術評価

実体審査がないといっても，**新規性・進歩性・先願主義**などの要件は存在します。実用新案法においては，出願段階では実体審査を行わず，実用新案権が発生した後，実用新案権を行使する前に，特許庁に実用新案技術評価を請求し，権利の有効性を確認した上で，権利行使を行う制度としています。新規性などの要件に違反する実用新案登録は，実用新案登録無効審判によって無効にすることができます。

6 実用新案権の存続期間

実用新案権は，実用新案登録出願の日から10年で消滅し，延長登録制度はありません。特許出願の日から20年で存続期間が満了し，延長登録制度も存在する特許法とは異なります。

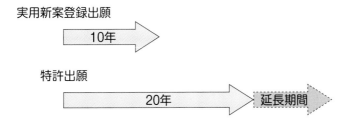

実用新案登録出願
10年

特許出願
20年　延長期間

Answer　× （実用新案登録出願が出願公開されることはありません。）

3-2 実用新案登録手続の流れ

実用新案法の学習に際しても，まずは手続の流れを覚えることが重要です。実用新案登録の手続は以下の順に進みます。

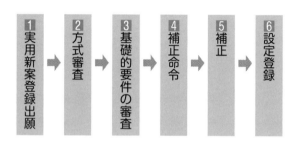

■1 実用新案登録出願

実用新案登録を受ける権利を有する者が実用新案登録を希望する場合には，**特許庁**に対し実用新案登録出願を行います。実用新案登録出願は，願書に**明細書，実用新案登録請求の範囲，図面および要約書**を添付して行います（実用新案法5条）。特許法とは異なり，図面が必須の添付書類となっています。

実用新案登録出願の場合，登録になる可能性が高いため，**第1年から第3年分の登録料**を<u>出願時</u>に納付することになっています。なお，特許出願においては，特許査定の謄本の送達があった後，<u>30日以内</u>に第1年から第3年分の特許料を納付します。

■2 方式審査

特許庁において，実用新案登録出願が所定の方式により行われているか，所定の手数料が納付されているか等の**形式的な要件**についての審査を行います。これについては，特許出願と同様です。

まとめcheck　実用新案法においては無審査登録主義が採用されているため，考案の単一性を満たさない実用新案登録出願であっても実用新案権が設定登録される。〇か×か。

3 基礎的要件の審査

　特許庁長官は実用新案登録出願について基礎的要件の審査（実用新案法6条の2）を行います。実用新案法では無審査登録主義を採用していますが，登録を受けるための最低限の要件については審査が行われます。

　基礎的要件の具体的な内容は以下の通りです。

- ●出願に係る考案が実用新案法の保護対象であること
- ●公序良俗・公衆の衛生を害する考案でないこと
- ●単一性などの記載要件を満たしていること
- ●出願書類に必要な事項が明確に記載されていること

4 5 補正命令と補正

　実用新案登録出願に**方式要件違反**または**基礎的要件違反**があった場合，相当の期間を指定して補正をすべきことが命ぜられます（実用新案法2条の2第4項）。指定期間内に補正をしないときは，実用新案登録出願が却下となります（同法2条の3）。

6 実用新案権の設定登録

　実用新案登録出願が放棄され，取り下げられ，または却下された場合を除いて，実用新案権が設定登録されます（実用新案法14条2項）。第1年分から第3年分の登録料は出願と同時に納付するため，方式要件・基礎的要件を満たしていれば，出願の後，何らの手続をすることなく実用新案権が設定登録されます。

Answer　×（考案の単一性は基礎的要件の審査において審査され，単一性を満たさない場合，補正命令がなされます。）

3-3 実用新案権の行使

実用新案法は無審査登録主義を採用していることから，実用新案権の権利行使に関しては，実用新案技術評価書の提示義務（実用新案法29条の2），権利行使をした実用新案権者等の責任（同法29条の3）の規定が置かれています。これらは，他の産業財産権法にはない実用新案法特有の規定です。

1 趣旨

無審査登録主義を採用している実用新案法では，実用新案権が実体的要件を満たしているか否かは当事者間の判断に委ねられており，瑕疵ある権利が濫用されて第三者が不測の不利益を被るおそれもあります。そこで，権利の有効性に関する客観的な判断材料を提供するために，**特許庁**が実用新案技術評価を提供することとしています（実用新案法12条，13条）。

また，権利者の権利行使を適切かつ慎重なものとして，瑕疵ある権利の濫用を防止するために，権利行使をする権利者に実用新案技術評価書の提示と警告を義務付け，注意義務に違反して権利行使をした実用新案権者等の責任を規定しています。

2 実用新案技術評価の請求

実用新案技術評価は，実用新案権者に限らず，誰でも請求できます。また，実用新案技術評価は，実用新案登録出願後であれば，実用新案権が設定登録される前であっても請求可能です。請求には回数制限もありません。

3 実用新案技術評価

実用新案技術評価の請求があった場合，**特許庁の審査官**が，以下の要件について評価を行います。これ以外の要件については，権利者が権利を行使する前に調査し，権利の有効性を確認することとしています。

まとめcheck 実用新案権が設定登録される前に実用新案技術評価を請求することはできない。○か×か。

> ・刊行物掲載等についての新規性（実用新案法3条1項3号）
> ・刊行物等に掲載された考案から見た進歩性（同法3条2項）
> ・拡大された先願の地位（同法3条の2）
> ・先願主義（同法7条）

4 実用新案技術評価書の提示と警告

　無効理由のある実用新案登録に基づく実用新案権の濫用を防止するとともに第三者に不測の不利益が及ばないように，**実用新案技術評価書**を提示して警告した後でなければ，実用新案権の行使（差止請求，損害賠償請求等）を認めないこととしています（実用新案法29条の2）。

5 権利行使をした実用新案権者等の責任

　実用新案権者が権利を行使し，または警告を行った後に，実用新案登録が無効審判によって無効とされた場合，権利者が相当の注意をもって権利行使したことを立証しない限り，権利者は当該権利行使または警告により相手方に与えた**損害を賠償**しなければなりません（実用新案法29条の3）。

Answer　× （実用新案技術評価の請求は実用新案権が設定登録される前の出願段階であっても可能です。）

3-4 訂正

特許法における「訂正審判」および「訂正の請求」に代わる手続として，実用新案法においては訂正が認められています。実用新案法の訂正にも特許法と同様の要件が課されていますが，実用新案法の訂正においては，**基礎的要件の審査のみ**を行い，訂正の要件を満たしているか否かは審理しません。

1 訂正の回数制限

以下のいずれかを目的とする訂正は，実用新案権が発生してから消滅するまで１回に限り行うことができます（実用新案法14条）。

> ① 実用新案登録請求の範囲の減縮
> ② 誤記の訂正
> ③ 明瞭でない記載の釈明
> ④ 他の請求項の記載を引用する請求項の記載を当該他の請求項の記載を引用しないものとすること

仮に複数回の訂正を認めてしまうと，無審査登録主義のもとでは，出願時に不当に広い実用新案登録請求の範囲を書いておいて，無効審判が請求される度に実用新案登録請求の範囲を減縮して無効理由を解消するという訂正が繰り返し行われる可能性があり，妥当でないためです。

(1) 請求項の削除

請求項の削除を目的とする訂正には回数制限がありません。複数の請求項がある限り何度でも行うことができます。したがって，実用新案登録出願を行う場合には，なるべく多くの請求項を作り，無効理由が発見された場合には請求項の削除で対応できるようにすべきです。

(2) 訂正の時期的制限

上記①から④を目的とする訂正は，以下のいずれかを経過すると，行うこと

まとめcheck 実用新案登録請求の範囲の訂正は，請求項の削除に限り認められる。○か×か。

ができません。

●最初の実用新案技術評価書の謄本の送達があつた日から2か月
●実用新案登録無効審判における最初の答弁書提出期間

　一方，請求項の削除を目的とする訂正にはこの制限は課されず，実用新案登録無効審判が係属しているときに限り，審判の審理を終結する旨の通知（審理終結通知）が行われた後の請求項の削除が禁止されています。

2 訂正の審査

　訂正が行われた場合，訂正要件の審査は行いませんが，出願と同様に以下の基礎的要件の審査を行います。

●訂正後の考案が実用新案法の保護対象であること
●訂正後の考案が公序良俗・公衆の衛生を害する考案でないこと
●訂正後の考案が単一性などの記載要件を満たしていること
●訂正後の出願書類に必要な事項が明確に記載されていること

　訂正が訂正要件に違反する場合，その実用新案登録は無効理由を有することになります。

3 訂正の効果

　訂正があったときは，その訂正後における明細書，実用新案登録請求の範囲または図面により実用新案登録出願および実用新案権の設定の登録がされたものとみなされます。

Answer　×（実用新案登録請求の範囲の減縮等を目的とする訂正も可能です。）

第**4**章

特許協力条約

4-1 特許協力条約の概要

1 条約とは

条約とは，国家と国家の間，または，国家と国際機関との間において，文書によって交わされる合意を意味します。知的財産の分野の条約では，特に，各国において，他の国の国民の知的財産をどのように保護するかが規定されています。

2 条約の学習のコツ

条約に規定されていないことは各国の自由です。また，知的財産に関する条約は，条約の加盟国の国民が他の加盟国で不利に扱われないように保護することを目的としていますので，各国が条約に規定するよりも手厚い保護を与えるのも自由です。したがって，条約を学習する際には，条約でどこまでの保護が各国に要求されていて，その上で，我が国の法律がどのような規定となっているのかを理解することが重要です。

3 特許協力条約とは

特許協力条約（Patent Cooperation Treaty, PCT）は，各国での特許等の権利取得を容易化し，各国特許庁の負担を軽減することを目的とした国際的な取決めです。各国での権利取得を目指す出願人は，1つの国際出願を行うことで，各国に出願したのと同等の効果を得ることができます。

まとめcheck　特許協力条約は出願人と特許庁の負担の軽減を目的として設けられている。○か×か。

4 特許協力条約の学習のコツ

日本国内の特許出願においては，出願人と特許庁とのやりとりを理解すればよいのですが，特許協力条約においては，さまざまな機関が登場しますので，どのような機関が存在するのかを覚えることが重要です。

その上で，特許出願の手続がどのように進んでいくのか，特に，特許出願の書類がどのように流れていくのかを理解するようにしましょう。

5 特許協力条約の目的

従来，世界各国で特許の取得を目指す者は，各国の制度に従い，各国の言語で手続を行わなければならず，その負担は相当大きなものがありました。

また，各国特許庁は，出願された発明について審査をする際，先行技術の調査をそれぞれで行っていましたが，その調査は各国特許庁で重複して行っており，効率的なものとはいえませんでした。

そこで，特許協力条約は所定の方式で**1つの出願**を行えば，**各締約国で出願したのと同じ効果**を認め，また，**1つの特許庁**が国際調査機関として調査を行い，**各国の特許庁はその調査結果を利用**することとしています。

6 国内法との関係

特許協力条約に対応して，我が国では，国際出願を我が国の出願とみなす場合については特許法と実用新案法に「特許協力条約に基づく国際出願に係る特例」を規定しています。また，我が国から出願する国際出願については「特許協力条約に基づく国際出願等に関する法律（国際出願法）」を設けています。

Answer　○（国際出願により出願人の手続負担を軽減し，国際調査により各国特許庁の調査負担を軽減しています。）

4-2　国際出願の全体像

1　国際出願手続に関する機関

国際出願は，主に以下の機関によって取り扱われます。

受理官庁	国際出願を受理する官庁
国際事務局	国際出願に関する事務を行う組織
国際調査機関	先行技術の調査を行う機関
国際予備審査機関	出願人の請求により予備的な審査を行う機関
指定官庁	特許が求められる国の特許庁

受理官庁，国際調査機関，国際予備審査機関は各国の特許庁がその役割を果たします。

2　国際出願の流れ

国際出願は，主に以下の(1)から(6)の流れで進みます。

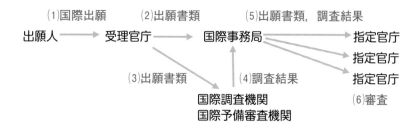

(1)　国際出願

特許協力条約の締約国の居住者および国民は国際出願を行うことができます（PCT 9 条）。国際出願は受理官庁または国際事務局に対して行います。通常，出願人の国の特許庁が受理官庁としての役割を果たします。国際事務局はスイスのジュネーブにあります。

まとめcheck　国際出願は受理官庁によって国際公開される。○か×か。

⑵　受理官庁による方式審査

　国際出願を受領した受理官庁は，所定の要件を満たしていることを確認した上で国際出願日を認定します（PCT11条）。受理官庁は，国際出願を**受理官庁用写し**として保持し，**記録原本**として国際事務局に送付し，**調査用写し**として管轄の国際調査機関に送付します。

⑶　国際公開

　国際事務局は，<u>優先日</u>から18か月を経過した後，国際公開により国際出願の内容を公開します（PCT21条）。優先日とは，優先権主張を伴う場合には優先権主張の基礎となる出願のうち最も早い出願日を意味し，優先権主張を伴わない場合には国際出願日を意味します。

⑷　国際調査

　受理官庁から<u>調査用写し</u>を受領した国際調査機関は，**先行技術の調査**を行い，その調査結果を記した**国際調査報告**を作成します。作成された国際調査報告は，出願人および国際事務局に送付されます。国際調査報告は，国際出願と共に国際事務局から指定官庁へ送達されます（PCT20条）。

⑸　国内移行手続

　出願人は優先日から30か月を経過する時までに，権利化を希望する締約国の指定官庁に対し，所定の翻訳文を提出し，該当する場合には国内手数料を支払います（PCT22条⑴）。特許を認めるか否かの審査は各国で行います。

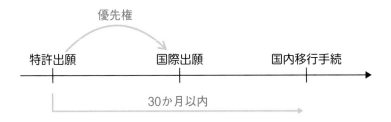

Answer　×（国際公開を行うのは，受理官庁ではなく国際事務局です。）

4-3 国際出願

PCTの締約国において発明の保護を求める者は，PCTの規定に従った国際出願を行うことにより，その出願日に全締約国に出願したのと同様の効果を得ることができます。

1 国際出願を行うことができる者

PCT締約国の居住者および国民は**国際出願**を行うことができます（PCT 9条）。この「国民」にはその国で設立された法人も含みます。PCT締約国は2024年12月時点で158か国となっています。

2 国際出願により得られる保護の種類

国際出願によって各締約国で得られる保護は，特許に限られず，実用新案など，締約国が技術を保護するために採用する他の保護も含まれます（PCT 2条(i)）。保護を求める国に複数の保護制度がある場合，出願人は，何による保護を求めるかを選択することができます。例えば，国際出願によって日本国で権利を取得する場合には，日本への国内移行手続の際に特許か実用新案を選択します。

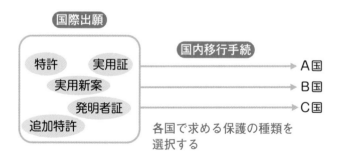

まとめcheck 　国際出願は，保護を求める指定国が定める言語により行う。○か×か。

3 国際出願の書類

　国際出願には，願書，明細書，請求の範囲，必要な図面，要約を含みます（PCT 3 条(1)）。日本国内の特許出願とよく似た書類ですが，特許協力条約の様式に従って作成する必要があります。

4 国際出願の言語

　国際出願は，その出願を提出する受理官庁が定める言語により行います（PCT規則12.1(a)）。日本国特許庁を受理官庁とする場合は日本語または英語です。国際出願を国際事務局に提出する場合にはあらゆる言語で出願することができますが，願書については，日本語，英語，中国語などの「国際公開の言語」で作成する必要があります。

5 保護を求める国の指定

　国際出願においては，原則として，全ての締約国を指定したものとみなされます（PCT規則4.9(a)）。日本・ドイツなど，国内優先権の主張により先の出願が取下擬制となる国は出願の際に指定を除外することができます。出願人は，保護を求める国にのみ国内移行手続を行うことで，保護を受ける国を選択します。国内移行手続を行わなかった他の指定国については，出願を取り下げたのと同様の取扱いとなります（PCT24条）。

6 国際出願の手数料

　国際出願の出願人が支払う手数料には，①**送付手数料**，②**国際出願手数料**，③**調査手数料**があります。いずれも国際出願の日から 1 か月以内に受理官庁に支払います（PCT規則14，15，16）。

第4章

特許協力条約

Answer　×（国際出願は，受理官庁が定める言語により行います（PCT規則12.1(a)）。）

4-4 国際調査

国際調査は，国際出願された発明の先行技術を発見することを目的として管轄国際調査機関が行う調査です。調査結果は国際調査報告として，出願人と国際事務局に提供され，国際事務局から各指定国の特許庁（指定官庁）に送達されます。

1 趣旨

出願人が国内移行手続を行った国の特許庁は，国際調査の結果を基に特許を付与するか否かの審査を行うことができます。これにより，従来，各国の特許庁が重複して行っていた調査の負担を軽減することができます。

また，出願人にとっては，国際調査の結果を踏まえて，各国に国内移行を行うか否かの判断をすることができます。

2 管轄国際調査機関

国際調査を行う管轄国際調査機関は，国際出願を行った受理官庁によって決まります。例えば，日本の特許庁を受理官庁として国際出願を行った場合，日本国特許庁，欧州特許庁，シンガポール知的所有権庁，インド特許庁の中から出願人が選択した官庁が国際調査機関として国際調査を行います。国際調査機関の役割を果たす官庁は，PCT締約国から構成される総会によって選定され

<mark>まとめcheck</mark>　国際調査は，出願人が請求した場合にのみ行われる。○か×か。

た官庁のみです（PCT16条(3)(a)）。

3 国際調査の対象

　原則として全ての国際出願は国際調査の対象となりますが，**①国際出願の対象が調査を要しない場合，②明細書等が調査できる程度に記載されていない場合**には，国際調査報告は作成されません（PCT17条(2)(a)）。

4 国際調査の時期

　国際調査は，国際調査機関が国際出願の調査用写しを受領してから３か月の期間または優先日から９か月の期間のうち，**いずれか遅い方**の期間までに行われます（PCT規則42）。

5 先行技術

　先行技術とは，世界のいずれかの場所で書面によって公衆が利用可能になった技術であり，請求の範囲に記載された発明の新規性・進歩性の判断に役立つものです（PCT規則33.1）。国際出願が優先権主張を伴う場合であっても，優先日ではなく，国際出願日の前に公衆に利用可能となったものが調査されます。

6 国際調査機関の見解

　国際調査機関は，先行技術の調査に加えて，請求の範囲に記載された発明が**①新規性，②進歩性，③産業上利用可能性**を満たすか否かの見解を示します（PCT規則43の2.1）。

7 19条補正

　国際調査報告を受領した出願人は，国際事務局に補正書を提出することにより，請求の範囲について１回に限り補正をすることができます（PCT19条）。この補正を19条補正と呼びます。

Answer　　×（国際調査は原則として全ての国際出願が対象となります。）

4-5 国際予備審査

　国際予備審査とは，出願人の任意の請求によって国際段階で行われる予備的な審査です（PCT31条）。国際出願の請求の範囲に記載された発明について，国際調査機関の見解書と同様に，①**新規性**，②**進歩性**，③**産業上利用可能性**の審査を行います（PCT33条）。国際予備審査が行われた場合でも，各国で特許を付与するか否かは各国で判断されます。

1 国際予備審査を請求するメリット

　国際調査機関の見解書においても新規性等の判断は示されますが，国際予備審査を請求することで，以下のようなメリットが得られます。

> ① 19条補正後の請求の範囲に記載の発明について各国に移行する前に特許性の判断を得ることができる。
> ② 審査結果に対して答弁書を提出して，それに対する審査官の反応を得ることができる。
> ③ 補正を行うことができる（34条補正）。

2 国際予備審査の請求期限

　国際予備審査の請求は，①**国際調査報告および国際調査機関の見解書の送付の日から3か月**または②**優先日から22か月**のうちいずれか遅く満了する期間までに行います（PCT規則54の2.1(a)）。請求は管轄の国際予備審査機関に直接行い，所定の手数料を支払います。

まとめcheck　国際予備審査の請求は国際事務局に対して行う。○か×か。

3 管轄の国際予備審査機関

　管轄の国際予備審査機関は，国際出願を提出した受理官庁が特定した国際予備審査機関です（PCT32条）。例えば，日本国特許庁を受理官庁とした場合，日本国特許庁，欧州特許庁，シンガポール知的所有権庁，インド特許庁の中から出願人が選択した官庁が国際予備審査機関としての役割を果たします。国際予備審査機関の役割を果たす官庁は，PCT締約国によって構成される総会によって選定された官庁のみです（PCT32条(3)）。

4 34条補正

　国際予備審査の請求をした出願人は，国際予備審査の請求書の提出の時または国際予備報告が作成されるまでの間に，請求の範囲，明細書，図面について補正することができます（PCT34条(2)(b)）。この補正を34条補正と呼びます。国際調査報告の後の19条補正は請求の範囲について1回に限り認められていますが，34条補正にはこのような制限はなく，明細書および図面についても補正でき，複数回行うことができます。

5 国際予備審査報告

　国際予備審査機関は，審査結果を記載した国際予備審査報告を作成し，付属書類（補正書等）とともに出願人および国際事務局に送付します（PCT36条）。国際事務局は，国際予備審査報告を各国へ送付します（PCT36条(3)(a)）。

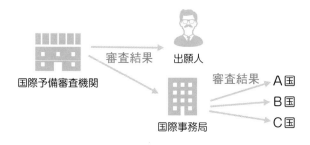

Answer　×（管轄の国際予備審査機関に対して行います。）

第 5 章

特許法・実用新案法 （国際出願）

5-1 国内移行手続の概要

国際出願を利用して日本で特許を受けるための手続について見ていきます。この手続は特許法の中で規定されています。なお，日本国特許庁を受理官庁とする国際出願の取扱いは**特許協力条約に基づく国際出願等に関する法律**（国際出願法）に規定されています。

1 日本国における国際出願の取扱い

日本国の指定を含む国際出願は，国際出願日にされた特許出願とみなされます（特許法184条の3）。したがって，通常の特許出願と同様に取り扱われるのが原則です。しかしながら，特許協力条約との関係で通常の特許出願とは異なる取扱いが必要となる部分があります。そこで，特許法では「特許協力条約に基づく国際出願に係る特例」を設け，通常の特許出願とは異なる取扱いについて規定しています。

2 国内移行手続

国際出願が日本語で作成されている場合，国内移行手続は以下の通りです。

- ① 国際出願番号等を記載した国内書面の提出（特許法184条の5）
- ② 所定の手数料の納付（特許法195条2項）

国際出願が外国語で作成されている場合，国内移行手続としては，上記①と

まとめcheck 国際出願の国内移行手続は，常に国際出願日から2年6か月以内に行えばよい。○か×か。

②に加えて，以下の手続が必要となります。

③ 明細書，請求の範囲，図面の中の説明および要約の日本語による翻訳文の提出（特許法184条の4）

なお，願書については，翻訳文の提出は不要です。

3 国内移行手続の期限

国内移行手続は，優先日から2年6か月の期間に行う必要があります。この期間を国内書面提出期間と呼びます。

4 翻訳文提出特例期間

国際出願番号等を記載した国内書面（上記①）の提出から2か月の期間であれば，優先日から2年6か月を経過していても，例外的に明細書等の翻訳文を提出することができます。この期間を翻訳文提出特例期間と呼びます。

第5章

特許法・実用新案法（国際出願）

Answer × （優先日から2年6か月以内に行う必要があります。）

5-2 国際段階の補正の取扱い

　国際出願について19条補正，34条補正を行った場合に，その補正を国際出願に基づく日本の特許出願に対して有効なものとするためには，以下の手続が必要となります。手続を行わない場合，補正は無いものとされます。

1 外国語の国際出願の19条補正

　外国語で作成した国際出願について行われた**19条補正**を国内で有効なものとするには，下記①，②のいずれかの手続が必要となります。

手続①：国内移行手続の際に，請求の範囲の翻訳文として19条補正後の請求の範囲の翻訳文を特許庁長官に提出する（特許法184条の4第2項）。
手続②：国内移行手続における請求の範囲の翻訳文の提出の後，<u>国内処理基準時までに</u>19条補正後の請求の範囲の翻訳文を特許庁長官に提出する（特許法184条の4第6項）。
---

2 国内処理基準時とは

　国内処理基準時とは，国内書面提出期間内に出願人が**出願審査請求をしない場合**は国内書面提出期間が満了する時（下記A），国内書面提出期間内に**出願人が出願審査請求をする場合**はその請求の時（下記B）を意味します。

　国内処理基準時とは，国際出願に基づく日本の特許出願について国内移行手続を行った時を意味する。〇か×か。

3 日本語の国際出願の19条補正

　日本語で作成した国際出願について行われた**19条補正**を国内で有効なものとするためには，以下の手続が必要です。

> **手続**：19条補正の補正書の写しを国内処理基準時の属する日までに特許庁長官に提出する（特許法184条の7）。

　ただし，19条補正の補正書が，国内処理基準時の属する日までに，国際事務局から特許庁に送達された場合，その補正書により補正が有効となります。

4 外国語の国際出願の34条補正

　外国語で作成した国際出願について行われた**34条補正**を国内で有効なものとするためには，以下の手続が必要です。

> **手続**：34条補正の補正書の翻訳文を国内処理基準時の属する日までに特許庁長官に提出する（特許法184条の8）。

　34条補正の補正書が，国際事務局から特許庁に送達された場合であっても，翻訳文を提出しなければ，補正は有効なものになりません。

5 日本語の国際出願の34条補正

　日本語で作成した国際出願について行われた**34条補正**を国内で有効なものとするためには，以下の手続が必要です。

> **手続**：34条補正の補正書の写しを国内処理基準時の属する日までに特許庁長官に提出する（特許法184条の8）。

　ただし，34条補正の補正書が，国内処理基準時の属する日までに，国際事務局から特許庁に送達された場合，その補正書により補正が有効となります。

第5章　特許法・実用新案法（国際出願）

Answer　×（国内書面提出期間の満了時又は審査請求時のいずれか早い時を意味します。）

5-3 その他の特例

　国際出願に基づく日本の特許出願について，その他の主な特例（通常の特許出願とは異なる取扱い）を見ていきます。

1 国内公表

　外国語で作成された国際出願について，明細書等の翻訳文が提出され，国内書面提出期間を経過すると，遅滞なく，翻訳文の内容等が公表されます（特許法184条の9）。これを国内公表と呼びます。

　ただし，国内書面提出期間内に出願人から出願審査の請求があり，国際公開がされている場合，出願審査の請求の後，国内公表が行われます。

2 補正の特例

　国際出願が**日本語**で作成されている場合，以下の国内移行手続を行わなければ，出願の補正をすることができません（特許法184条の12）。

---
① 国際出願番号等を記載した国内書面の提出（特許法184条の5）
② 所定の手数料の納付（特許法195条2項）

　国際出願が**外国語**で作成されている場合，上記①と②に加えて，以下を満たさなければ，出願の補正をすることができません。

まとめcheck　国際出願の国内公表は，優先日から1年6か月を経過した後に行われる。○か×か。

③　明細書，請求の範囲，図面の中の説明および要約の日本語による翻訳文の提出（特許法184条の4）

④　国内処理基準時を経過していること

3　特許要件の特例

外国語で作成された国際出願に基づく日本の特許出願は，明細書等の翻訳文が提出されない場合，拡大された先願の地位（特許法29条の2）を有しません（特許法184条の13）。

4　新規性喪失の例外の特例

権利者の行為に基づく新規性喪失の例外の適用を受ける場合，通常の出願では，出願と同時に例外適用を受ける旨の書面を提出し，出願から30日以内に証明書を提出します（特許法30条3項）。

しかし，国際出願の場合，これらの手続を行うことは難しい場合が多いため，例外適用を受ける旨の書面と証明書は，国内処理基準時の属する日後，30日以内に提出できることとしています（特許法184条の14）。

5　出願審査請求の時期の特例

国際出願の場合，国内移行手続を行わなければ，出願人は，出願審査の請求を行うことができません（特許法184条の17）。つまり，日本語による国際出願の場合は，①**国内書面の提出**と②**手数料の納付**，外国語による国際出願の場合は，これに加えて③**明細書等の翻訳文提出**が必要となります。

出願人以外の者による出願審査の請求は，**国内書面提出期間**，または，**翻訳文提出特例期間がある場合には翻訳文提出特例期間を経過した後**でなければ行うことはできません。

第5章　特許法・実用新案法（国際出願）

Answer　×（国内公表は，原則として，国内書面提出期間の経過後に行われます。）

5-4 実用新案法における特例

　国際出願を日本に移行する際に実用新案を選択した場合に，特許を選択した場合とは異なる主な特例について見ていきます。

1 第1〜3年の登録料の納付

　通常の実用新案登録出願においては，第1年から第3年までの登録料を出願と同時に納付します。しかし，国際出願の場合，出願と同時の納付は難しいため，国内書面提出期間内，または，国内書面提出期間内に国内処理の請求を行う場合には，その請求の時までに納付することとしています（実用新案法48条の12）。国内処理の請求というのは，優先日から2年6か月を待たずに国内での処理を開始することを特許庁に請求するものです。特許の場合，出願人が国内での処理の開始を希望する場合には出願審査の請求を行いますが，実用新案には出願審査の請求がないため，**国内処理の請求**を行います。

2 図面の提出

　特許協力条約は，図面を国際出願の必須の添付書類としていないのに対して，我が国の実用新案法は，図面を実用新案登録出願の必須の添付書類としています。そこで，国際出願に図面が添付されていない場合には，国内処理基準時の属する日までに図面を特許庁長官に提出することとしています（実用新案法48条の7）。実用新案法において，国内処理基準時とは，**国内書面提出期間が満了する時**，または，**国内書面提出期間内に出願人が国内処理の請求をするときは，その国内処理の請求の時**を意味します（実用新案法48条の4第6項）。

3 補正可能時期

　PCT28条およびPCT41条は，指定官庁に対し，出願人に所定の期間内に補正をする機会を与えなければならない旨を規定しています。その補正の時期は，PCT規則において，**国内移行手続の完了から1か月**の期間とされています。

通常の実用新案登録出願の補正可能期間である出願から１か月（実用新案法２条の２第１項ただし書）ではこの条約の要件を満たさないため，条約を直接適用することとしています（実用新案法48条の８）。

4 補正の条件

国際出願が日本語で作成されている場合，以下の**国内移行手続**を行わなければ，出願の補正をすることができません（実用新案法48条の８）。

① 国際出願番号等を記載した国内書面の提出（実用新案法48条の５）
② 所定の手数料の納付（実用新案法54条２項）
③ 第１年から第３年分の登録料の納付（実用新案法32条）

国際出願が外国語で作成されている場合，上記①から③に加えて，以下の**国内移行手続**をしなければ，出願の補正をすることができません。

④ 明細書，請求の範囲，図面の中の説明および要約の日本語による翻訳文の提出（特許法48条の４）

5 実用新案技術評価の特例

国内処理基準時を経過した後でなければ，実用新案技術評価の請求はできません（実用新案法48条の13）。実用新案技術評価の請求は誰でも行うことができますが，出願人以外の者が請求する場合も国内処理基準時の経過が条件となっています。

Answer ○（実用新案登録出願においては，図面が必須となっているため，提出が義務付けられています（実用新案法48条の７）。）

第**6**章

意匠法（国内出願）

6-1 意匠登録制度の概要

1 意匠法の学習

　意匠登録制度は意匠法により規定されています。意匠法は，特許法・実用新案法と多くの共通点を有していますので，学習する際は，特許法・実用新案法で学習したことを復習しながら，特許法・実用新案法との相違点を中心に学習するとよいでしょう。特に，意匠法の特徴である以下の制度は重要です。

- 関連意匠制度：類似する意匠の登録を例外的に認める制度
- 組物の意匠制度：複数の物品からなる意匠の登録を認める制度
- 秘密意匠制度：意匠登録後，所定の期間，意匠を公示しない制度
- 部分意匠制度：物品の部分の意匠について登録を認める制度

2 意匠法の目的

　特許法・実用新案法と同様に，意匠法は，産業の発達に寄与することを目的とした法律です（意匠法1条）。意匠の保護と利用を図り，意匠の創作を奨励することにより，産業の発達を目指します。

3 意匠とは

　意匠法が保護する**意匠**は概ね**工業製品，建築物または画像のデザイン**を意味します（意匠法2条1項）。一品製作の美術品や，単なる模様・マーク等は意匠ではなく，意匠登録の対象になりません。

4 意匠の保護と利用

　産業の発達に寄与するため，特許法・実用新案法と同様に，意匠法は，意匠の保護と利用の調和を図っています。

⑴ 意匠の保護

意匠法は，意匠の保護により，意匠の創作者が意匠による利益を害されないようにします。意匠法は，新規な意匠について創作者に意匠権を付与することにより，意匠を保護しています。意匠権者は，登録意匠およびこれに類似する意匠の実施を独占排他的に行うことができます。

登録意匠

登録意匠に類似する範囲

⑵ 意匠の利用

意匠は産業で利用されることで，意匠法の目的である産業の発達に寄与することとなります。意匠法は，例えば以下の規定により，意匠の利用を促進します。

> ① 意匠権の存続期間
> 　意匠権は，原則として，出願日から25年で消滅し，その後は誰でも利用可能な人類共有の財産（パブリックドメイン）となることとしています。
> ② 意匠の公開
> 　特許法のような出願公開制度は設けられていません。原則として，意匠権の設定登録があったときのみ意匠公報に掲載されます（意匠法20条）。

Answer ×（意匠権の効力は，登録意匠と同一の意匠のみならず，登録意匠に類似する意匠にまで及びます（意匠法23条）。）

6-2 意匠登録手続の流れ

意匠法を効率的に学習するためには，特許法と同様に，最初に意匠登録手続の流れを覚えることが重要です。意匠登録手続は以下の順に進みます。

1 意匠登録出願 ➡ 2 方式審査 ➡ 3 実体審査 ➡ 4 拒絶理由通知 ➡ 5 中間応答 ➡ 6 登録査定 ➡ 7 設定登録

1 意匠登録出願

新規な意匠を創作した者は意匠登録を受ける権利を取得します。意匠登録を受ける権利を有する者が意匠登録を希望する場合，特許庁に対し意匠登録出願を行います。意匠登録出願は，意匠の形態（形状・模様・色彩等）を表すための**図面，写真，ひな形または見本**のいずれかを**願書**に添付して行います（意匠法6条）。出願した意匠の内容は，**願書**に記載した「意匠に係る物品」と**図面**等で表した「形態」により特定されます。

2 方式審査

特許庁において，意匠登録出願が所定の方式により行われているか，所定の手数料が納付されているか等の**形式的な要件**についての審査を行います。補正可能な方式違反があった場合には，相当な期間を指定して**補正命令**がなされます（意匠法68条で準用する特許法17条3項）。これに対し，出願人は**補正**を行って方式違反を解消することができます（意匠法60条の24）。

3 実体審査

特許法においては，出願審査の請求が行われた特許出願について，新規性・進歩性などの実体審査を行うこととしていますが，意匠法においては，**出願審**

査の請求の規定は置かれていません。原則として，意匠登録出願を行った順に，新規性・創作非容易性などの審査が行われます。

4 拒絶理由通知

審査官は，実体審査の結果，拒絶をすべき旨の査定をしようとするときは，出願人に対し**拒絶する理由を通知し**（意匠法19条で準用する特許法50条），**意見書を提出する機会**を与えます。この点は特許法と同様ですが，意匠法では「最初の拒絶理由通知」，「最後の拒絶理由通知」という分類はありません。

5 中間応答

出願人は，拒絶理由に不服がある場合，審査官に対して**意見書**を提出して反論することができます。また，出願人は，特許庁長官に対し，願書または図面等を補正する**手続補正書**を提出して拒絶理由を解消することもできます。

6 登録査定

審査官は，意匠登録出願について拒絶の理由を発見しないときは，意匠登録をすべき旨の査定を行います（意匠法18条）。

7 意匠権の設定登録

意匠登録をすべき旨の**査定の謄本の送達があった日**から30日以内に出願人が第1年分の登録料を納付すると（意匠法43条），意匠権が設定登録されます（意匠法20条）。登録料の納付期限は特許法と同様ですが，特許法においては，第1年から第3年分の特許料の納付が必要となっています。

第6章

意匠法（国内出願）

Answer ○（出願審査の請求の規定はなく，出願の順に審査が行われます。）

6-3 意匠とは

　意匠法において意匠とは，「<u>物品の形状，模様若しくは色彩若しくはこれらの結合，建築物の形状等又は画像</u>であって<u>視覚を通じて美観を起こさせるもの</u>」と定義しています（意匠法2条1項。かっこ書を除く。下線は筆者によるもの）。

1 物品等との関係

　物品等と関連付けられていない模様，色彩，マークなどは意匠とは認められず，物品に付された状態でないと意匠登録を受けることはできません。

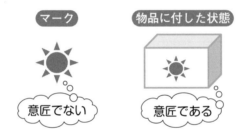

2 物品とは

　物品とは，有体物のうち，市場で流通する動産を言うものと解釈されています。したがって，熱・光など，有体物とは認められないものや，不動産は物品とは認められません。

3 部分意匠

　物品の一部にのみ特徴がある場合，その部分を部分意匠として登録を受けることができます。

4 部品の意匠

　完成品の中の一部を構成する部品は，それが互換性を有しており，かつ通常

まとめcheck　「意匠」とは，物品の形状，模様もしくは色彩またはこれらの結合であって，視覚を通じて美観を起こさせるものをいう。○か×か。

の取引状態において独立の製品として取引されている場合には，物品と認められます。この場合は部分意匠ではなく，部品の全体意匠となります。

5 建築物の意匠

　物品とは「市場で流通する動産」を言うものと解釈されていることから建築物（不動産）は物品には該当しません。従来，意匠法の保護対象は物品の意匠のみでしたが，令和2年4月1日より建築物の意匠も保護対象となりました。

6 画像の意匠

　機器の操作に用いられる画像，または機器がその機能を発揮した結果として表示される画像の意匠について意匠登録を受けることができます。例えば，スマートフォンの操作画面の画像の意匠があります。

7 組物の意匠

　経済産業省令で定められた所定の物品の組合せについては，全体として統一ある意匠を現す場合，組物の意匠として意匠登録を受けることができます（意匠法8条）。この場合，意匠に係る物品は「一組の○○セット」となります。

8 内装の意匠

　テーブル，椅子等の複数の物品や建築物等から構成される内装のデザインが統一的な美感を起こさせる場合，1つの意匠として意匠登録を受けることができます（意匠法8条の2）。

9 「視覚を通じて」とは

　意匠の定義にある**「視覚を通じて」**とは，形状，模様もしくは色彩またはこれらの結合の全体が肉眼によって認識することができることを意味します。したがって，肉眼では見えないほど小さな物は意匠に該当しないのが原則です。しかし，物品の取引に際して，拡大鏡等により観察するなどの方法によって，物品を拡大して観察することが通常である場合には，意匠に該当するものと解されています（平成17年（行ケ）第10679号）。

第6章 意匠法（国内出願）

Answer　○（意匠法における意匠の定義の通りですので，正しいです。）

6-4　意匠登録出願

　意匠登録を受けるためには，特許庁に対して**意匠登録出願**を行う必要があります。意匠登録出願は，出願人の氏名等を記載した願書に，意匠を記載した図面等を添付して提出するのが原則となっています。願書は以下のような書類です。

【書類名】	意匠登録願
【整理番号】	19WD620
【提出日】	令和1年6月20日
【あて先】	特許庁長官殿
【意匠に係る物品】	腕時計
【意匠の創作をした者】	
【住所又は居所】	東京都台東区台東○－○－○
【氏名】	伊藤隆治
【意匠登録出願人】	
【識別番号】	000000003
【住所又は居所】	東京都千代田区霞が関○－○－○
【氏名又は名称】	株式会社伊藤時計
…	

1　意匠に係る物品

　願書に添付した図面等に表された形状等が，どのような物品についてのものかを示すため，願書には「意匠に係る物品」を記載します。部分意匠の場合も，「意匠に係る物品」は，物品全体の名称を記載します。「…の部分」，「…の部分意匠」等の記載は認められません。

　建築物の意匠または画像の意匠の場合，意匠に係る物品にはそれらの用途を記載します。例えば，商業用建築物，時刻表示画像などです。

2　図面以外の提出物

　意匠登録出願においては，図面に代えて，意匠を現した写真，ひな形または

まとめcheck　意匠登録出願においては必ず図面を提出する。○か×か。

見本を提出することができます（意匠法6条2項）。見本は，使われる材質や大きさを含め，意匠に係る物品そのものであるのに対し，ひな形は，意匠に係る物品と同一とは限らない材質，大きさで，意匠をかたどって作られた模型であるという違いがあります。見本とひな形については，所定の大きさよりも小さく，保管しやすい物であるといった提出条件があります。

3 意匠に係る物品の説明

意匠に係る物品が，今までにない新規なものである場合には，願書に「意匠に係る物品の説明」の欄を設け，その**物品の用途**や**使用方法**などを簡潔に記載します。

4 意匠の説明

以下の場合，願書に「意匠の説明」の欄を設け，**意匠の説明**を行います。

① 意匠に係る物品の材質または大きさの説明が必要なとき
② 意匠に係る物品の形状等が変化するとき
③ 意匠に係る物品の全部または一部が透明なとき（見本提出の場合を除く）

5 一意匠一出願

1つの意匠登録出願には1つの意匠しか記載することができません（意匠法7条）。複数の意匠について登録を受けるためには，それぞれ意匠登録出願を行う必要があります。なお，複数の意匠登録出願を1つの願書により一括して出願することはできます。

Answer　×（図面に代えて写真，ひな形又は見本を提出できる場合があります。）

6-5 新規性と創作非容易性

　意匠法は意匠登録の要件として，新規性と創作非容易性を挙げています。創作非容易性は特許法の進歩性に対応する要件です。

1 新規性

　以下の意匠は新規性が無いとして，意匠登録を受けることができません（意匠法3条1項各号）。

---

① 意匠登録出願前に公然知られた意匠
② 意匠登録出願前に頒布された刊行物に記載された意匠または電気通信回線を通じて公衆に利用可能となった意匠
③ 上記①②の意匠に類似する意匠

　意匠は物品の外観であり，公然実施されれば，直ちに公然知られた意匠となるため，特許法とは異なり公然実施された意匠は規定されていません。

2 異なる種類の意匠間での新規性喪失

　出願に係る意匠が，新規性を喪失した意匠の一部を構成する場合も，新規性がないとされます。例えば，万年筆の意匠が出願前に刊行物に記載されている場合，その万年筆のキャップの意匠について出願をしても，新規性がないとして，登録を受けることはできません。

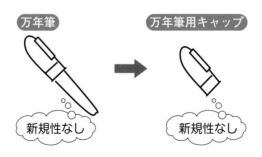

まとめcheck　公然知られた意匠と非類似の意匠は創作非容易性が認められる。○か×か。

3 類否判断

上記③における意匠が類似するか否か判断は，需要者・取引者の視覚を通じて起こさせる美感に基づいて行われます。意匠の類否判断は，**意匠に係る物品**と**意匠の形状等**の両面から行います。例えば，「意匠の形状等」が似ていても，「意匠に係る物品」が全く異なれば，意匠は類似しません。

4 創作非容易性

その意匠の属する分野における通常の知識を有する者が，公然知られた形状等から**容易に創作ができる意匠**と認められるものは，たとえ新規性があっても意匠登録を受けることができません（意匠法3条2項）。

5 創作が容易な意匠の例

例えば，以下のものは，創作が容易な意匠と考えられています。

- ●置換の意匠（公然知られた意匠の一部を置き換えたもの）
- ●寄せ集めの意匠（公然知られた意匠を複数寄せ集めたもの）
- ●配置の変更による意匠（構成要素の位置を変更したもの）
- ●商慣行上の転用による意匠（異なる物品の意匠を転用したもの）

6 新規性喪失の例外

意匠について，①意匠登録を受ける権利を有する者の**意に反して新規性を喪失**した場合，または，②意匠登録を受ける権利を有する者の**行為に起因して新規性を喪失**した場合，新規性喪失から1年以内に所定の手続と共に意匠登録出願を行うことで，新規性・創作非容易性の規定の適用において，当該意匠は新規性を喪失しなかったものとみなされます（意匠法4条）。

第6章 意匠法（国内出願）

Answer ×（非類似であっても創作が容易とされる場合はあります。）

6-6　先願主義

　意匠法の先願主義においては，同一または類似の意匠について二以上の意匠登録出願があった場合に，**最先の出願にのみ意匠登録を認める**こととしています（意匠法9条）。原則として，出願人が同一の場合でも適用されます。同一の意匠だけでなく，類似の意匠も対象とする点において，特許法・実用新案法とは異なります。

1 趣旨

　意匠権は**登録意匠と同一または類似の意匠**を独占排他的に実施することができる権利です（意匠法23条）。したがって，同一または類似の意匠について複数の意匠権を認めるべきではありません。そのような重複した権利を排除するため，先願主義が採用されています。

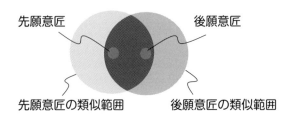

先願意匠　　　　　　　　　　後願意匠

先願意匠の類似範囲　　　　後願意匠の類似範囲

2 先後の判断

　意匠法の先願主義においても，特許法と同様に，日をもって先後を判断し，同日の出願の場合には，特許庁長官から各出願人に対して協議指令が出されます。協議指令を受けた出願人は，どのように意匠登録を受けるのかを協議します。協議が成立しない場合，いずれの意匠も登録を受けることはできません。

まとめcheck　　先願意匠と後願意匠が同一でない場合，先願主義の規定が適用されることはない。
○か×か。

3 類否の判断

新規性における類否の判断と基本的には同じです。従来，部分意匠と全体意匠の間では類否を判断しないものと解されていましたが，現在の特許庁の運用では，部分意匠と全体意匠の間でも先願主義が適用される場合があります。

4 類似範囲のみが重複する場合

下図のような場合，先願の意匠と後願の意匠は互いに類似しません。したがって，先願主義の規定は適用されず，いずれも登録になります。しかし，先願の意匠の類似範囲と後願の意匠の類似範囲が重複し，先願の意匠権の一部と後願の意匠権の一部が抵触します。このような場合，重複部分については，先願の意匠権者のみが業として意匠を実施することができ，後願の意匠権者は業としての意匠の実施ができないとされています（意匠法26条）。

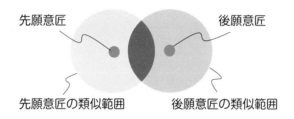

5 先願主義の例外

互いに類似する意匠について，同一の出願人が出願する場合，関連意匠制度（意匠法10条）を利用することにより，先願主義の規定にかかわらず，いずれの意匠についても意匠登録を受けることができます。

Answer　×（意匠が同一の場合だけでなく類似の場合にも適用されます。）

6-7 意匠法３条の２の登録要件①

意匠法３条の２は，後願の意匠が，後願の出願後に意匠公報に掲載された先願の意匠の一部と同一または類似の場合，意匠登録を受けることができないとしています。特許法29条の２と似た規定ですが，先願の意匠と後願の意匠が同一の場合に適用されるのではなく，後願の意匠が先願の意匠の<u>一部と</u>同一または類似する場合に適用される点において異なります。

1 趣旨

先願の意匠の一部と同一または類似の後願の意匠は，その先願の意匠が設定登録され意匠公報が発行される前に出願された場合であっても，新しい意匠を創作したものとはいえません。このような意匠について意匠権を与えることは，新しい意匠の創作を保護しようとする意匠制度の趣旨からみて妥当ではありません。そこで，意匠法３条の２の規定を設けています。

2 適用要件

意匠法３条の２本文に規定されている適用要件は以下の３つです。

- ① 当該意匠登録出願の日前の意匠登録出願があること
- ② 日前の意匠登録出願が当該意匠登録出願後に意匠公報に掲載されたこと
- ③ 当該意匠登録出願に係る意匠が日前の意匠登録出願の意匠の一部と同一または類似であること

まとめcheck 先願登録意匠の一部と同一または類似の意匠については，原則として，意匠登録を受けることができない。○か×か。

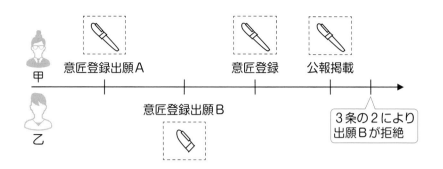

3 適用除外

意匠法3条の2本文の規定に該当する後願であっても，**先願の意匠公報の発行の日前までに先願の出願人と同一人がした後願**については，拒絶されません。物品全体の意匠を創作して出願した後に，その物品の部品または部分の意匠を創作した場合であっても，意匠登録を受けられるようにするためです。

4 新規性との関係

先願が公報掲載された後に，先願の意匠の一部と同一または類似の意匠が出願された場合，意匠法3条の2は適用されません。この場合，後願の意匠は新規性がないとして，登録を受けることができません（意匠法3条1項各号）。

5 先願主義との関係

先願主義（意匠法9条）は，複数の意匠登録出願に係る意匠が，全体として同一または類似の場合に適用されます。したがって，意匠法3条の2が適用される場面においては，通常，9条は適用されません。

Answer ○（意匠法3条の2により登録を受けられないのが原則です。）

6-8 意匠法３条の２の登録要件②

　以下の事例において，意匠登録出願Ｂに意匠法３条の２の規定が適用されるか否かを見ていきましょう。

1 意匠が同一

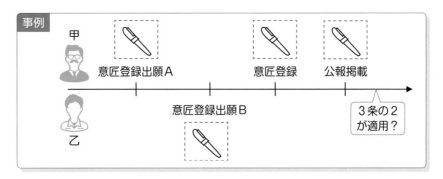

　この事例においては，出願Ａの意匠と出願Ｂの意匠が同一であり，先願意匠の一部と同一または類似とはいえないため，意匠法３条の２は適用されません。出願Ｂは先願主義（意匠法９条）によって拒絶されます。

2 同日に出願

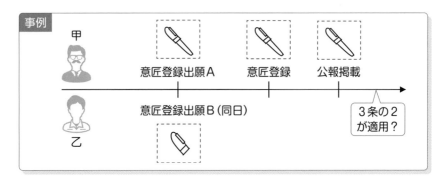

まとめcheck　先願登録意匠の一部と同一または類似の意匠であっても，出願人が同一であれば，意匠登録を受けることができる場合が有る。○か×か。

　この事例においては，出願Aと出願Bが同日に出願されており，日前の出願があることの要件を満たしませんので，意匠法3条の2は適用されません。

3 意匠公報に掲載なし

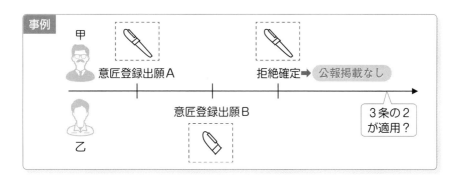

　この事例においては，日前の出願が意匠公報に掲載されたことの要件を満たしません。よって，意匠法3条の2は適用されず，出願Bの意匠は登録される可能性があります。

4 出願人が同じ

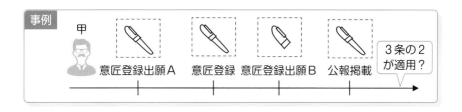

　この事例においては，出願人がいずれも甲ですので，意匠法3条の2は適用されません。いずれの意匠も登録になる可能性があります。

Answer　　○（意匠法3条の2ただし書が適用される場合，意匠登録を受けることができます。）

6-9 その他の登録要件

　意匠の登録要件として，ここまでに新規性，創作非容易性，先願主義，意匠法3条の2を見てきました。ここでは，それ以外の登録要件のうち主要なものを見ていきます。

1 工業上利用可能な意匠であること

　工業上利用可能な意匠でなければ，意匠登録を受けることができません（意匠法3条1項柱書）。意匠に係る物品等が工業的方法によって製造できるものであれば，工業上利用可能と解されています。意匠に係る物品が，工場等で使用される物（例えば，工具など）である必要はありません。

```
【意匠登録を受けられる物の例】
●アイスクリーム　●セーター　●指輪　●リュックサック　●サンダル
●電子レンジ　●仏像　●浴槽　●スキー　●絵はがき　●乗用自動車
```

2 公序良俗を害さないこと

　国家元首の像または国旗を表した意匠，皇室や外国の王室の紋章を表した意匠は，国等の尊厳を害するおそれがあるため，意匠登録を受けることができません。また，わいせつ物を表した意匠も善良の風俗を害するおそれがあるため，意匠登録を受けることができません（意匠法5条1号）。

3 他人の物品と混同を生じないこと

　他人の著名な標章やこれとまぎらわしい標章を表した意匠は，需要者・取引者において，他人の業務に係る物品と混同を生じるおそれがあるため，意匠登録を受けることができません（意匠法5条2号）。

まとめcheck　他人の業務に係る物品と混同を生じる意匠について意匠登録を受けることはできない。○か×か。

4 不可欠な形状のみからなるものでないこと

　物品の機能を確保するために不可欠な形状のみからなる意匠は登録を受けられません（意匠法5条3号）。例えば，パラボラアンテナの反射鏡のように，機能を確保するために必然的に定まる形状のみからなる意匠や，CDのように標準化された規格により定まる形状のみからなる意匠が該当します。

5 一意匠一出願に反しないこと

　一意匠一出願（意匠法7条）の要件に違反する場合には意匠登録を受けることができません。この場合，出願の補正または分割で対応可能です。

6 意匠登録を受ける権利を有すること

　特許出願と同様に，意匠登録を受ける権利を有さない者の出願は冒認出願として，意匠登録を受けられません（意匠法17条4号）。また，意匠登録を受ける権利が共有の場合，共有者全員の名義で意匠登録出願を行う必要があります（意匠法15条1項で準用する特許法38条）。

7 特殊な意匠はその要件を満たすこと

　組物の意匠，内装の意匠および関連意匠については，それらの意匠としての要件を満たす意匠でなければ，意匠登録を受けることができません（意匠法17条1号）。

第6章

意匠法（国内出願）

Answer　○（意匠法5条2号において登録を受けられないこととされています。）

6-10 補正

手続の円滑迅速な進行を図るためには，初めから完全な内容の書類を提出することが望ましいのですが，先願主義のもとでは，当初から完全なものを望み得ない場合も少なくないので，所定の要件を満たす場合には，手続の補正を認めています（意匠法60条の24）。

1 出願の補正可能時期

意匠登録出願の補正をすることができるのは，出願についての審査，審判または<u>再審</u>が係属しているときに限られます。再審というのは，**拒絶査定不服審判の審決が確定した後に，審判に重大な瑕疵があったことを理由として請求することができる不服申立て手段**です。

2 補正の内容的制限

意匠登録出願の補正は，願書または願書に添付した図面等の<u>要旨</u>を変更するものであってはなりません。**意匠の要旨**とは，その意匠の属する分野における通常の知識に基づいて，願書の記載および願書に添付した図面等から直接的に導き出される具体的な意匠の内容をいいます。

意匠の要旨を変更する補正には，次の2つの類型があります。

① その意匠の属する分野における通常の知識に基づいて当然に導き出すことができる同一の範囲を超えて変更するもの
② 出願当初不明であった意匠の要旨を明確なものとするもの

特許出願の補正においては，明細書等に記載されている発明であれば，出願当初の発明と入れ替えることができます。しかし，意匠登録出願の補正は，特許法よりも厳しく，意匠の内容が変更される補正は一切認められません。

出願の補正が要旨変更であると判断された場合，補正が却下されます。

まとめcheck 意匠登録出願の補正を却下する旨の決定がされた場合，その意匠登録出願によって意匠登録を受けることはできない。○か×か。

3 補正却下に対する対応

補正却下の決定が行われた場合，出願人は，補正前の意匠について登録を目指すのであれば，何ら手続は必要ありません。一方，補正却下に不服があり，補正後の意匠について登録を希望する場合，出願人は補正却下決定不服審判（意匠法47条）を請求して争うことができます。また，補正却下に対して不服はないが，補正後の意匠について登録を受けることを希望する場合には補正後の意匠についての新出願（意匠法17条の3）を行うことができます。

4 補正後の意匠についての新出願

補正却下の決定の謄本の送達があつた日から3か月以内に，その補正後の意匠について新たな意匠登録出願を行い，その出願と同時に，意匠法17条の3第1項の規定の適用を受けたい旨の書面を提出します。これにより，新たな意匠登録出願は，手続補正書を提出したときに出願したものとみなされ，もとの出願は取り下げたものとみなされます（意匠法17条の3第2項）。

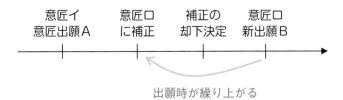

この事例では，新出願Bは意匠登録出願Aの意匠イを意匠ロに補正する手続補正書を提出したときに出願したものとみなされます。このように，補正の却下決定を受けた後に意匠ロについて通常の意匠登録出願を行った場合と比較して出願時を早めることができます。ただし，意匠登録出願Aは取り下げたものとみなされるため，意匠イについて登録を目指すことはできなくなります。

第6章

意匠法（国内出願）

Answer ×（補正前の意匠が意匠登録の要件を満たしていれば，意匠登録を受けることは可能です。）

6-11　出願の分割と変更

1　出願の分割

　1つの出願に複数の意匠が記載されている場合には，出願を分割することができます（意匠法10の2）。分割により生じた新たな出願は，もとの出願の時に出願したものとみなされます。

2　分割の内容的制限

　意匠登録出願の分割は，もとの意匠登録出願に複数の意匠が含まれていることが要件となっています。つまり，一意匠しか含まない意匠登録出願については，分割が認められません。

　例えば，「キャップ付きの万年筆」の意匠について意匠登録出願をしている場合に，「万年筆のキャップ」と「万年筆本体」の出願に分割することはできません。

　なお，組物の意匠または内装の意匠の場合，組物の意匠または内装の意匠の要件を満たす場合には一意匠として扱われます。

3　分割の時期的制限

　意匠登録出願が審査，審判または再審に係属している場合に限り，分割を行うことができます。出願の分割を行った場合，もとの出願（親出願）から分割による新たな出願に係る意匠を削除する補正を行います。なお，分割できる時期と補正できる時期は一致しています。

まとめcheck　意匠登録出願の分割は，意匠登録出願が審査に係属している場合に限り，行うことができる。○か×か。

4 出願の変更

　意匠法においては，特許出願または実用新案登録出願から意匠登録出願への変更を認めています（意匠法13条）。例えば，ある新しい形状の発明をして，技術的に効果があると考えて特許出願をした後に，その形状の美的な面について意匠登録を受ける場合等に，出願の変更が利用されます。

　変更により生じた意匠登録出願は，もとの特許出願または実用新案登録出願の出願の時に出願したものとみなされ，もとの出願は取り下げたものとみなされます。

5 変更の時期的制限

　特許出願から意匠登録出願への変更は，特許出願において**拒絶の査定の謄本の送達があった日**から**3か月**を経過した後は行うことができません（意匠法13条1項）。この3か月は拒絶査定不服審判の請求期間と一致しています。

　実用新案登録出願から意匠登録出願への変更は，実用新案登録出願が特許庁に係属していれば，**いつでも可能**です。ただし，実用新案登録出願は登録までの期間が短いため（出願から数か月），注意が必要です。

Answer　×（意匠登録出願の分割は，意匠登録出願が審査，審判または再審に係属しているときに行うことができます。）

6-12 関連意匠制度

関連意匠制度とは，同一出願人の互いに類似する意匠について，所定の条件のもと，先願主義（意匠法9条）の例外として登録を認める制度です。

1 趣旨

デザイン開発の過程においては，1つのデザイン・コンセプトから複数のバリエーションの意匠が創作されるという実態があります。それらのバリエーションの意匠は同等の価値を有するにもかかわらず，互いに類似するという理由で登録を受けられないのは妥当ではありません。そこで，関連意匠制度においては，重複登録の弊害を防ぎながら，それらのバリエーションの意匠についての登録を認めることとしています。

2 本意匠と関連意匠

出願人の意匠の中から選択した1つの意匠を本意匠とし，本意匠に類似する意匠を関連意匠として，意匠登録を受けることができます。

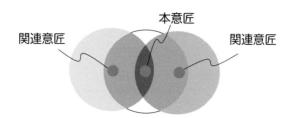

3 関連意匠の出願人

関連意匠の意匠登録出願人は，本意匠の意匠登録出願人と同一でなければなりません。独占排他的な権利である意匠権が複数の者に付与され，権利が抵触するのを防ぐためです。

まとめcheck　関連意匠は本意匠と同時に出願しなければならない。○か×か。

4 関連意匠の出願の時期

　関連意匠の意匠登録出願は，本意匠の意匠登録出願の日以後であって，本意匠の意匠登録出願の日から10年を経過する日前に出願されていなければなりません。

　関連意匠を本意匠とする関連意匠の出願も可能です。この場合，最初の本意匠（これを「基礎意匠」と呼びます）の出願の日から10年以内に後続の関連意匠の出願を行う必要があります。

5 関連意匠のメリット

　関連意匠は，本意匠との関係において先願主義（意匠法9条）が適用されません。また，関連意匠が複数ある場合，関連意匠同士の間でも先願主義が適用されません。これにより，本意匠に類似するバリエーションの意匠の全てについて意匠登録が可能となります。

6 関連意匠のデメリット

　関連意匠の意匠権について，以下の制限が生じます。

① 本意匠の意匠権の存続期間が満了すると，関連意匠の意匠権の存続期間も満了する（意匠法21条2項）。
② 本意匠と関連意匠は，全ての本意匠と関連意匠を一括で移転する場合のみ移転が可能である（意匠法22条）。
③ 専用実施権は，本意匠及び全ての関連意匠の意匠権について，同一の者に対して同時に設定する場合に限り，設定することができる（意匠法27条）。

第6章

意匠法（国内出願）

Answer ✕（本意匠の出願の日後，意匠公報の発行の日前まで出願できます。）

6-13 組物の意匠

複数の物品からなる意匠を1つの意匠として登録を認める制度です。例えば，同じ模様をあしらった複数の商品をセット販売する場合に，そのセット全体として意匠登録を受けることができます。

1 一意匠一出願の例外としての組物の意匠

原則として，一意匠というのは，1つの物品に対する1つの形態を意味します。例えば，願書に記載した意匠に係る物品が「花びん」であり，図面に1つの花びんの形態が示されているときに，一意匠となります。願書に記載した意匠に係る物品が「花びん，コップ」のように複数の場合や，図面に複数の花びんの形態が記載されている場合には一意匠とは言えません。組物の意匠制度は，この例外として，複数物品に対する1つの形態を一意匠として意匠登録を認めるものです。

2 組物の意匠の要件

組物の意匠となるためには，以下の要件を満たす必要があります。

> ① 経済産業省令で定める組物を構成する物品に係る意匠であること
> ② 組物全体として統一があること

(1) 経済産業省令で定める組物

意匠法施行規則の別表に組物が規定されています。例えば，以下のものがあります。

> ●一組の食品セット　●一組の衣服セット
> ●一組の家具セット　●一組の楽器セット　●一組の画像セット

まとめcheck　組物の意匠とすることにより，1つの意匠登録出願で複数の意匠の登録を受けることが可能となる。○か×か。

⑵ **組物全体としての統一**

　組物の構成物品に同じような模様・形状が施されている場合や，全体として１つのまとまった形態を表す場合に全体として統一があるとされます。

※図は特許庁「意匠審査基準」より引用

3 組物の意匠登録出願の分割

　出願の分割は，**出願に複数の意匠が含まれている**ことが要件となっています（意匠法10条の2）。組物の意匠の要件を満たす場合，一意匠として扱われるため，出願の分割を行うことはできません。一方，組物の意匠の要件を満たさない場合，複数の意匠が含まれるため，出願の分割が可能です。

4 組物の意匠の新規性等

　組物の意匠においても意匠全体として登録要件を満たすか否かが審査されます。例えば，組物の意匠全体として新規性を失っていなければ，組物の一部の構成物品の意匠のみが新規性を失っていても，意匠登録を受けることは可能です。ただし，組物の一部の構成物品の意匠が新規性を失うことにより，創作非容易性（意匠法3条2項）を満たさなくなることがあります。

第6章

意匠法（国内出願）

Answer　×（組物の意匠は全体で1つの意匠を構成します。）

6-14 秘密意匠制度

秘密意匠制度とは，意匠権の設定の登録の日から意匠登録出願人が秘密を請求した期間，その登録意匠を公報に掲載しないものとする制度です。

1 趣旨

意匠権は，他者の事業を制限するため，登録後に権利内容を公報掲載するのが原則です。しかし，先願主義のもと，将来の事業のために早期に意匠登録を受けると，将来の意匠の傾向を他の事業者に知られてしまいます。また，発明の場合は，基礎発明を基に新たな発明が生まれることがありますが，意匠の場合，そのようなことは少なく，公開しないことのデメリットは大きくないと考えられます。そこで，意匠法は秘密意匠制度を設けています。

2 秘密請求期間

意匠を秘密にすることを請求することができるのは，意匠権の設定の登録の日から３年以内です（意匠法14条１項）。秘密の期間は，秘密期間の経過前であれば，延長または短縮ができます（同条３項）。

3 秘密の請求をする時期

秘密の請求は，以下の時に行うことができます（意匠法14条２項）。

① 意匠登録出願と同時
② 第１年分の登録料の納付と同時

まとめcheck 　秘密意匠は出願から３年までに限り秘密とすることができる。○か×か。

　第1年分の登録料の納付と同時に請求できるのは、審査が出願時の予想よりも早期に終了した結果、秘密意匠の請求の必要が生じたような場合に対処できるようにするためです。

４　秘密意匠の公報掲載

　秘密期間内に、意匠公報に掲載されないのは意匠の内容のみであり、**意匠権者の氏名・名称**、**各意匠登録に付与される登録番号**などは、通常の意匠と同様に、意匠権の設定登録後に公報掲載されます。意匠の内容を示す願書の記載や図面等の内容は、秘密期間の経過後に公報掲載されます。

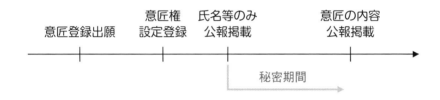

５　秘密意匠の権利行使

　秘密期間内においては秘密意匠の内容は公示されないため、秘密意匠と同一または類似の意匠を業として実施する者に対して、いきなり秘密意匠の意匠権に基づく差止請求を行使できるのでは、意匠を実施している者に酷となります。そこで、秘密意匠の意匠権者は、意匠権者の氏名、意匠の内容などを記載した書面について、**特許庁長官の証明を受け**、その**書面を相手方に提示して警告**した後でなければ、差止請求権を行使できないものとしています（意匠法37条3項）。

Answer　　×（意匠権の設定登録から3年まで秘密とすることができます。）

6-15 審判と審決等取消訴訟

意匠法では以下の審判が設けられています。

---
① 拒絶査定不服審判 (46条)
② 補正却下決定不服審判 (47条)
③ 意匠登録無効審判 (48条)
---

1 審判の種類の比較

審判の種類を特許法，実用新案法と比較すると以下の通りです。

	特許法	実用新案法	意匠法
拒絶査定不服審判	○	×	○
特許等の無効審判	○	○	○
延長登録無効審判	○	×	×
訂正審判	○	×	×
補正却下決定不服審判	×	×	○

※ ○：あり，×：なし

なお，意匠法には異議申立制度は設けられていません。

2 拒絶査定不服審判

特許法と同様に，拒絶査定に対して不服がある出願人は，拒絶査定不服審判を請求することができます（意匠法46条）。ただし，意匠法においては，**前置審査**の規定は設けられていません。

3 補正却下決定不服審判

補正が要旨を変更するものであるとして，補正を却下する決定が下され，その決定に不服がある場合，補正却下決定不服審判を請求することができます（意匠法47条）。補正却下決定不服審判が請求された場合，その審決が確定する

まとめcheck 意匠法においても意匠登録後の訂正審判の請求が認められる。○か×か。

まで，意匠登録出願の審査は中止されます。補正却下決定不服審判において補正が要旨を変更するものでないと判断された場合，補正が有効なものとして，補正後の内容で審査が行われます。

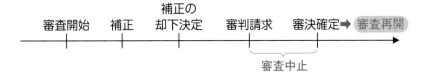

4 意匠登録無効審判

新規性等の登録要件に違反しているにもかかわらず意匠登録がされた場合や，意匠登録がされた後に意匠登録の要件を満たさなくなった場合，何人も意匠登録無効審判を請求して意匠権を消滅させることができます（意匠法48条）。

5 審決等取消訴訟

以下の処分に対して不服がある者は，**東京高等裁判所**に審決等取消訴訟を提起することができます（意匠法59条）。

- 各種審判の審決
- 拒絶査定不服審判における補正の却下の決定
- 審判又は再審の請求書の却下の決定

審査における補正の却下の決定に対して不服がある場合には補正却下決定不服審判を請求しますが，拒絶査定不服審判における補正の却下の決定に対して補正却下決定不服審判を請求することはできず，審決等取消訴訟を提起することとなります。

第6章

意匠法（国内出願）

Answer ✕（意匠法には訂正審判の規定がありません。）

6-16 意匠権の効力

意匠権者は，業として登録意匠およびこれに類似する意匠の実施をする権利を専有します（意匠法23条）。登録意匠と同一の意匠のみならず類似の意匠にも意匠権の効力が及ぶ点において，特許法とは異なります。

1 類似の範囲まで及ぶ理由

特許権，実用新案権においては保護対象を文章で表現するため，必要に応じて抽象化した範囲で保護を求めることができますが，意匠権においては意匠の形態を図面等によって表すため，**抽象化することが困難**です。また，図面等により表された登録意匠と**わずかに異なるだけで意匠権の効力が及ばないとすると，意匠を十分に保護することができません**。そこで，登録意匠に類似の範囲まで意匠権の効力が及ぶこととしています。

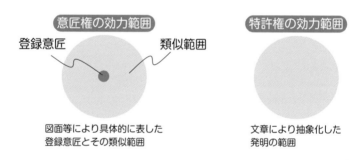

意匠権の効力範囲

登録意匠　　　類似範囲

図面等により具体的に表した
登録意匠とその類似範囲

特許権の効力範囲

文章により抽象化した
発明の範囲

2 権利の消尽

特許権と同様に，意匠権者または実施権者が適法に譲渡した物については，意匠権は消尽したものとして，その後の流通において，意匠権の効力は及ばないと解釈されています。

3 意匠権侵害に対する救済

意匠権が侵害されている場合，意匠権者は侵害者に対して侵害の停止を求め

ることができ（意匠法37条），過去の侵害による損害については，賠償を求めることができます（民法709条）。この点は特許法と同様です。意匠権は実体審査を経て設定されるため，実用新案法の実用新案技術評価のような規定は設けられていません。

4 実施権の設定・許諾

特許権と同様に，意匠権者は，他人に**専用実施権・通常実施権**の設定・許諾ができます（意匠法27条，28条）。また，意匠登録出願の段階においては，他人に**仮通常実施権**を許諾することができます（同法5条の2）。ただし，特許出願とは異なり，**仮専用実施権**を設定することはできません。

実施権の3法比較

	特許法	実用新案法	意匠法
仮専用実施権	○	×	×
仮通常実施権	○	○	○
専用実施権	○	○	○
通常実施権	○	○	○

※○：ある　×：ない

5 実施の制限

意匠法の先願主義では，登録意匠同士は非類似だけれども，類似範囲が重なることが適法に生じます。この場合，重なっている類似範囲に属する意匠は，先願権利者のみが業として実施することができ，後願権利者が無断で業としての実施を行うと，先願権利者の意匠権を侵害します（意匠法26条）。

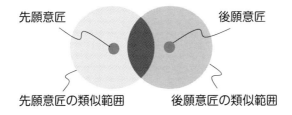

Answer　○（意匠法には仮専用実施権の規定はありません。）

6-17 法定通常実施権

意匠法には以下の法定通常実施権が規定されています。

- ● 職務創作についての法定通常実施権（15条3項）
- ● 先使用による法定通常実施権（29条）
- ● 先出願による法定通常実施権（29条の2）
- ● 意匠権の移転登録前の実施による法定通常実施権（29条の3）
- ● 無効審判の請求登録前の実施による法定通常実施権（30条）
- ● 意匠権等の存続期間満了後の法定通常実施権（31条，32条）
- ● 再審による意匠権の回復前の実施等による法定通常実施権（56条）

1 特許法，実用新案法との比較

意匠法の先出願による法定通常実施権は，意匠法にしかない法定通常実施権です。それ以外は，特許法，実用新案法にも規定されています。

2 先出願による通常実施権とは

先出願による通常実施権とは，意匠権の設定登録の際に，拒絶が確定した先願に係る意匠について**実施の事業等をしている者**に対し，**所定の条件**のもとに認められる**法定通常実施権**です（意匠法29条の2）。

3 趣旨

新規性欠如などの理由によって拒絶が確定した意匠の出願人が，他の者も意匠登録を受けられないであろうと考え，拒絶が確定した意匠を業として実施したところ，その意匠に類似する後願意匠が登録され，先願の出願人が実施を継続できないこととなるのを防ぐために設けられています。

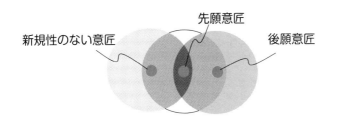

例えば，上図の例において，先願意匠は，新規性のない意匠と類似するため，登録を受けることができません。しかし，新規性のない意匠と類似しない後願意匠は登録になります。先願意匠は後願意匠の類似範囲に属するため，後願意匠の意匠権の効力範囲にあります。このような場合に，後願意匠によって先願意匠の実施が継続できなくなるのを防ぐ規定です。

4 要件

先出願による通常実施権の要件は，次の通りです。

---

① 先願意匠が後願意匠とは別に創作されたものであること
② 後願意匠の意匠権の設定の登録の際に日本国内において先願意匠の実施の事業またはその準備をしていること
③ 先使用による通常実施権を有さないこと
④ 先願意匠が意匠法3条1項各号のいずれかに該当し，拒絶をすべき旨の査定または審決が確定していること

上記要件を満たす場合，実施または実施の準備をしている意匠および事業の目的の範囲内において，先願の出願人に法定通常実施権が認められます。

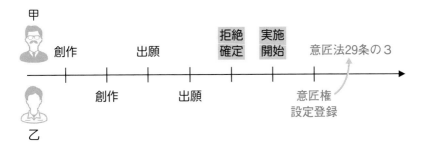

第6章

意匠法（国内出願）

Answer　×（意匠権の設定の登録の際に先願意匠の実施の事業またはその準備をしていれば足ります。）

第 **7** 章

ハーグ協定の
ジュネーブ改正協定

7-1 国際出願

意匠について，世界知的所有権機関（WIPO）の国際事務局へ国際出願することで，複数の締約国に同時に出願したのと同様の効果を得ることができます。ジュネーブ改正協定の制度を利用することで，各国への個別の出願に比べ，**手続の簡素化**や**費用の削減**を図ることができます。

1 特許協力条約との違い

主に，特許協力条約のような**国際調査・国際予備審査の規定がない**点，ジュネーブ改正協定においては国際事務局において国際登録がされ，**国際事務局に対して国際登録の更新の手続をすることができる**点において異なっています。各国で保護を受けられるか否かの審査は，特許協力条約と同様に各国の官庁において行います。

2 国際出願の流れ

国際事務局が国際出願を受理すると，直ちに国際登録が行われます。原則，国際出願の日が国際登録の日になります。国際事務局は，原則，国際登録の日から12か月後に，出願の内容を国際公表します。国際公表から所定の期間内に各指定国からの拒絶の通報がない場合，各指定国において意匠が保護されます。国際登録の更新は5年ごとに国際事務局に対して行います。

まとめcheck　意匠の国際出願は，本国官庁に提出しなければならない。○か×か。

3 直接または間接の出願

国際出願に際しては，締約国官庁を通じた**間接出願**と国際事務局への**直接出願**の両方が認められています。ただし，締約国は，自国の官庁を通じ間接出願ができないものとすることもできます。その場合，その締約国の国民は，国際事務局に対して直接に国際出願を行わなければなりません。

4 出願の願書

所定の様式により願書を作成します。願書には**出願人の氏名，保護を受ける国**（指定国），**意匠を構成する製品，意匠の説明，優先権の主張**などを記載します。国際出願の言語は，英語，フランス語，スペイン語の中から出願人が選択できます。

5 意匠の複製物

意匠の「複製物」として，**写真または他の図示的表現の形式によって意匠を表したもの**を願書と共に提出します。1つの国際出願に100個まで意匠を含めることができます。ただし，その複数の意匠を構成する製品が，ロカルノ国際分類の同じ類に属する場合に限られます。

6 ロカルノ国際分類

ロカルノ国際分類とは，意匠の国際分類を定めるロカルノ協定により定められ，以下の例のように，製品を第1類〜第32類に分類しています。

第1類　食料品
第2類　衣料品および裁縫用小物
第3類　旅行用具，ケース，日傘および他に該当しない身の回り品

Answer ✕（国際事務局に直接提出することができます。）

7-2 国際登録

　国際出願を受理した国際事務局は，国際出願の対象である各意匠を国際登録簿に登録します。これを国際登録と呼びます。なお，特許協力条約には国際登録はなく，各指定国が特許等の管理を行います。

1 国際登録の効果

　国際事務局が国際登録を行うことで，国際登録の名義人が国際登録の更新や権利移転などの手続を，国際事務局に対して行うことができるものとしています。更新等の手続の効果は，各指定国に及びます。これにより，名義人と各指定締約国による手続の負担を軽減することができます。

2 国際登録日

　国際登録日は，原則として，国際出願を行った日です。国際事務局が受理した国際出願が，ジュネーブ改正協定またはその規則の要件を満たさない場合，出願人に補正を求めます（協定8条）。この場合，その補正を受理した日が国際出願日および国際登録日となります。

3 国際公表

　国際登録は，国際事務局が発行する公報により公表されます（協定10条(3)）。これを国際公表と呼びます。国際公表は，国際登録日から12か月後に行われるのが原則です。ただし，出願人の請求により，国際登録の後，直ちに公表される場合や，公表が延期される場合もあります。

まとめcheck　　国際登録は，原則として，国際登録から1年6か月後に国際公表される。○か×か。

4 各指定国による拒絶

国際登録された意匠が，各指定締約国において保護を受けられるか否かの実体的な要件の審査は，各指定締約国の官庁（指定官庁）が行います。この点はPCTと同様です。

指定官庁が，国際登録された意匠は当該締約国における保護の要件を満たしていないと判断した場合，理由とともに，拒絶の通報を国際事務局に行います。拒絶の通報が可能な期間は，国際公表から6か月または12か月です（第18規則(1)）。国際登録の名義人は，国際事務局から拒絶の通報を受け取り，指定官庁に応答することができます。

5 国際登録の存続期間

国際登録は，国際登録日から5年間有効です。国際登録の名義人が希望する場合には，所定の手数料を支払って5年ごとに更新することができます。更新することにより，国際登録の日から15年間は登録を維持することができます。我が国のように15年を超える存続期間を認める指定締約国については，国際登録が更新されることを条件として，各指定締約国で定める存続期間が認められます。

Answer ☓（原則として国際登録から12か月後に国際公表されます。）

第**8**章

意匠法（国際出願）

8-1　ジュネーブ改正協定に基づく特例①

1　日本国特許庁を通じた国際出願

　意匠の国際出願は国際事務局に出願（直接出願）することができますが，日本国特許庁を通じた国際出願（間接出願）も可能です。この間接出願については，意匠法60条の3から60条の5に規定されています。

2　日本国特許庁に対して間接出願できる者

　以下の者は，日本国特許庁を通じた国際出願が可能です（意匠法60条の3）。ジュネーブ改正協定3条，4条を踏まえた規定です。

- ①　日本国民
- ②　日本国内に住所もしくは居所を有する外国人
- ③　日本国内に営業所を有する外国法人

3　日本国を指定締約国とする国際出願の取扱い

　指定締約国に日本国を含む国際出願であって，その国際登録について国際公表がされたものは，その国際登録の日にされた意匠登録出願とみなされます（意匠法60条の6）。この出願のことを国際意匠登録出願と呼びます。国際意匠登録出願は，通常の出願と同様に取り扱うのが原則ですが，ジュネーブ改正協定との関係で通常の出願とは異なる取扱いが必要になる部分もあることから，意匠法60条の6から60条の23に特例が設けられています。

4　一意匠一出願の特例

　1つの国際出願には複数の意匠を含めることができますが，我が国の意匠制度は一意匠一出願を要件としていることから，二以上の意匠を含む国際意匠登録出願については，国際登録の対象である意匠ごとにされた意匠登録出願とみ

まとめcheck　国際意匠登録出願において，新規性喪失の例外の適用を受けるための手続は，出願から30日以内に行う必要がある。○か×か。

なすこととしています（意匠法60条の6）。

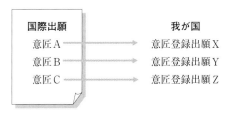

5 新規性喪失の例外の特例

　国際出願の場合，**出願と同時**に新規性喪失の例外の適用を受ける旨の書面を我が国の特許庁に提出し，出願から**30日以内**に証明書を提出することは困難な場合が多いと言えます。そこで，国際出願においては，それらの書類を国際公表の日後，30日以内であれば，提出できることとしています（意匠法60条の7）。

6 秘密意匠

　国際出願された意匠は，我が国で審査を行う前に国際公表されることから，秘密意匠とすることはできません（意匠法60条の9）。

Answer　×（国際公表から30日以内に行うことができます。）

8-2 ジュネーブ改正協定に基づく特例②

1 優先権主張の特例

国際意匠登録出願においてパリ条約等による優先権を主張する旨の意思の表明は，ジュネーブ改正協定の規定によるものとし，国際意匠登録出願においては，通常の意匠登録出願において適用される規定を適用しないこととしています（意匠法60条の10）。ただし，優先権主張のために必要となる優先権証明書等の提出については，ジュネーブ改正協定上，国際出願に伴わせる手続とされていないため，我が国に直接提出できることとしています。優先権証明書等は，国際公表の日から3か月以内に提出する必要があります。

2 補償金請求権の特例

通常の意匠登録出願の場合，出願公開がないため補償金請求権の制度は設けられていません。しかし，国際意匠登録出願は，国際公表されることから，国際公表から設定登録までの間，国際公表された意匠を他者に模倣されてしまうおそれがあります。そこで，特許法65条と同様の補償金請求権を認めることとしています（意匠法60条の12）。

まとめcheck 国際意匠登録出願において補償金請求権が発生する場合がある。○か×か。

3 意匠権の設定登録の特例

通常の意匠登録出願においては，登録すべき旨の査定または審決の送達から所定の期間内に第1年分の登録料の納付があつたときに，意匠権の設定の登録をします（意匠法20条2項）。しかし，国際意匠登録出願については，出願人は，国際出願時に意匠権の設定登録料を含めた個別指定手数料をあらかじめ納付することとしています（意匠法60条の21）。そこで，国際意匠登録出願においては，意匠登録をすべき旨の査定または審決があった時に，**意匠権の設定登録**をすることとしています（意匠法60条の13）。

通常の出願の場合：
　　登録査定・審決 ➡ 登録料の納付 ➡ 意匠権の設定登録
国際意匠登録出願の場合：
　　登録査定・審決 ➡ 意匠権の設定登録

4 国際登録との関係

国際意匠登録出願が意匠権の設定登録を受ける前に国際登録が消滅した場合，国際意匠登録出願は取り下げたものとみなされます（意匠法60条の14第1項）。また，国際登録を基礎とした意匠権は，その基礎とした国際登録が消滅したときは，消滅したものとみなされます（意匠法60条の14第2項）。

第8章　意匠法（国際出願）

Answer　○（意匠法60条の12において補償金請求権が規定されています。）

第 **9** 章

商標法（国内出願）

9-1 法目的

1 商標法の学習

　企業のロゴマークや商品名等の商標を保護する制度は**商標法**により規定されています。保護を受けるためには特許庁に出願を行う必要がある点については，特許法，実用新案法および意匠法と同様です。しかし，商標は創作物ではなく，商標法の真の保護対象は商標に蓄積した業務上の信用であると考えられています。これにより，特許法等とは異なる制度が多く設けられています。商標がどのような機能を果たしているのかを，ご自身が買い物をする時の状況を具体的にイメージして学習するとよいでしょう。

2 商標法の目的

　商標法は，商標を保護することにより，商標の使用をする者の業務上の信用の維持を図り，それにより，産業の発達に寄与し，あわせて需要者の利益を保護することを目的としています（商標法1条）。需要者の利益の保護も目的としている点において，特許法等とは異なります。

商標の保護 ➡ ① 産業の発達
　　　　　　　 ② 需要者の利益の保護

3 業務上の信用の保護

　事業者が商標を付した良い商品・役務（サービス）を提供し続けることで，消費者・取引者は，その商標が付された商品・役務はよいものであると認識します。これにより，その商標を付した商品・役務は，購入されやすくなります。このような消費者等から獲得した信用を保護するため，商標法では，**商標権者に独占的に登録商標を使用する権利**を与えています。

まとめcheck　　商標法は産業の発達に寄与することのみを目的としている。○か×か。

4 創作物の保護との相違

特許法等が保護する創作物はそれ自体が価値のあるものです。これに対して，商標法においては，商標自体には価値がなく，商標自体は単なる「選択物」に過ぎないと考えます。商標の価値は，商標を商品または役務に使用することによって商標に蓄積した信用にあります。

したがって，商標法は，商標権者以外の者が**無断で登録商標を使用する行為**のみならず，登録商標に化体した**信用を毀損する行為**も禁止しています。

5 特許法等との相違点の概要

商標は創作物ではないため，新規性・進歩性のような登録要件はありません。その代わりに，商標として相応しいものか，需要者等が他者の商品等と混同を生じないものか，といった登録要件が課されています。

また，商標権には10年という存続期間はありますが，10年おきに更新を行うことで，永続的に保持し続けることができます。商標は長期にわたって使用を継続することで価値が高まるためです。

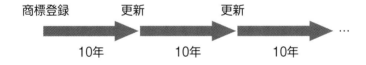

6 需要者の利益の保護

商標法は，需要者の利益を保護するため，他人の業務に係る商品・役務と混同を生ずるおそれのある商標や，商品の品質または役務の質の誤認を生ずるおそれがある商標の登録を認めません。また，商標登録後に商標権者が需要者の利益を害する行為を行った場合のペナルティを設けています。

Answer　×（需要者の利益を保護することも目的としています。）

9-2 商標登録手続の流れ

商標登録の手続は以下の通りです。おおむね特許法と同様の流れですが，出願審査の請求がない点が，特許法との大きな相違点です。

1 商標登録出願

商標登録を受けようとする者は，**願書**を**特許庁長官**に提出します（商標法5条1項）。願書には，出願人の氏名・名称等の他，商標登録を受けようとする商標と，その商標を使用する商品・役務を記載します。商標は1つの出願につき1つのみ記載可能ですが，商品・役務は商標を使用する予定のあるものであれば，数に制限はありません。

2 方式審査

特許庁において，商標登録出願が所定の方式により行われているか，所定の手数料が納付されているか等の形式的な要件についての審査が行われます。方式違反があった場合には，相当の期間を指定して**補正命令**または**補完命令**がなされます。

3 出願公開

特許庁長官は，商標登録出願があったとき，出願公開をします（商標法12条の2第1項）。特許制度とは異なり，出願後，公報の発行準備が整い次第すみやかに公開します。出願公開された商標は，特許法の「補償金請求権」と同様に「金銭的請求権」によって保護されます。

まとめcheck 　商標登録出願は，登録されなければ公報に掲載されることはない。○か×か。

4 実体審査

特許制度とは異なり，すべての商標登録出願について，原則として出願順に実体審査を行います。審査請求制度はありません。審査官は，主に，①**商標に識別力があるか**（商標法3条1項），②**登録を認めるべきでない商標でないか**（商標法4条1項1号から9号），③**他人の商標と混同を生ずるものでないか**（同項10号から19号）といった点を審査します。

5 6 拒絶理由通知，中間応答

審査官は，実体審査の結果，拒絶をすべき旨の査定をしようとするときは，商標登録出願人に対し拒絶理由を通知し，相当の期間を指定して，意見書を提出する機会を与えます（商標法15条の2）。特許法とは異なり，「最初の拒絶理由通知」，「最後の拒絶理由通知」という分類はありません。

出願人は，意見書，手続補正書の提出等により応答することができます。

7 登録査定

審査官は，拒絶の理由を発見しないときは，商標登録をすべき旨の査定を行います（商標法16条）。商標登録をすべき旨の査定または審決の謄本の送達があった日から30日以内に登録料を納付することで，**商標権の設定登録**がされ，それにより**商標権が発生**します（商標法18条）。商標権の存続期間は，設定登録から10年ですが，商標権者の申請により何度でも更新することができます。

登録料の納付は，10年分を納付する**一括納付**と5年分ずつ2回に分けて納付する**分割納付**のいずれかを選択することができます。

Answer　×（原則として出願公開によって登録される前に公報に掲載されます。）

9-3 商標登録出願

　商標登録出願は，特許庁に所定の様式に従った願書を提出し，所定の手数料を納付することにより行います。

1 出願する権利

　特許法では，発明をした者に特許を受ける権利が付与され，特許を受ける権利がない者による出願は冒認出願として拒絶の対象となります。

　しかし，商標法においては，商標は「選択物」に過ぎないという考えを採っていることから，このような権利はありません。例えば，会社の従業員が考えた商標であっても，その会社は何らの権利も譲り受けずに出願できます。

　ただし，商標登録出願を行った後は，出願人に商標登録出願により生じた権利が認められます。この**商標登録出願により生じた権利**が特許法の**特許を受ける権利**に対応する権利と考えることができます。

2 願書の記載

　商標登録出願の願書には主に以下のものを記載します。

- ①　商標登録出願人の氏名または名称および住所または居所
- ②　商標登録を受けようとする商標
- ③　指定商品又は指定役務
- ④　指定商品及び指定役務の区分

　商標登録出願においては，商標登録を受ける商標を，図面ではなく，**願書**に記載します。「指定商品」「指定役務」というのは，出願人が商標を使用する商品，役務です。「指定商品及び役務の区分」とは，商品・役務を所定の基準によって分類したものです。区分は第1類から第45類まであります。商標登録の手数料の額は区分の数に応じて算出します。

まとめcheck　商標登録出願の願書には登録を受けようとする商標を示す図面を添付しなければならない。○か×か。

3 願書の例

```
【書類名】　商標登録願
　【整理番号】　19PST09
　【提出日】　　令和●年●月●日
　【あて先】　　特許庁長官　　殿
　【商標登録を受けようとする商標】
　　　　弁理士スタートアップテキスト
　【標準文字】
【指定商品又は指定役務並びに商品及び役務の区分】
　【第16類】
　【指定商品（指定役務)】　書籍
【商標登録出願人】
　【住所又は居所】　東京都台東区台東●●●
　【氏名又は名称】　伊藤 隆治
…
```

第9章 商標法（国内出願）

4 一商標一出願の原則

　1つの商標登録出願には，1つの商標しか記載できません（商標法6条）。

　一方，指定商品・指定役務の数に制限はありません。ただし，指定商品・指定役務の数が多いと，区分が多くなり，特許庁に納付する手数料が高額になります。また，1つの区分に属する指定商品・指定役務の数があまりに多い場合には，商標の使用意思があるのか疑義が生じるため，審査において使用意思の証明等を求められます。

Answer　×（登録を受けようとする商標は原則として願書に記載します。）

9-4 商標とは

商標とは，需要者・取引者が，商標使用者の商品・役務と，他者の商品・役務とを識別するために使用される**文字，ロゴマーク等**を意味します。

例えば，需要者等は，過去に購入した商品と同じロゴマークが付いた商品を購入することで，過去に購入した商品と同じもの，あるいは，過去に購入した商品と同じ製造者が製造したものを購入することができます。

1 商標の定義

商標とは，人の知覚によって認識することができるもののうち，文字，図形，記号，立体的形状もしくは色彩またはこれらの結合，音（これらを「標章」と呼ぶ）であって，次に掲げるものをいいます（商標法2条1項）。

① 業として<u>商品</u>を生産し，証明し，または譲渡する者がその商品について使用をするもの
② 業として<u>役務</u>を提供し，または証明する者がその役務について使用をするもの（前号に掲げるものを除く）

上記①が商品に使用される商標（商品商標）であり，上記②が役務に使用される商標（役務商標）です。

2 新しいタイプの商標

従来の文字，図形，記号，立体的形状等に加えて，平成27年より，以下の5つの商標が，新しいタイプの商標として認められることになりました。

(1) 動き商標　(2) ホログラム商標　(3) 色彩のみからなる商標
(4) 音商標　(5) 位置商標

まとめcheck　香水の匂いが商標として登録されることがある。○か×か。

(1) 動き商標

動き商標とは，文字や図形等が時間の経過に伴って変化する商標です。例えば，テレビやコンピュータ画面等に映し出される変化する文字や図形などが該当します。

(2) ホログラム商標

ホログラム商標とは，文字や図形等がホログラフィーその他の方法により変化する商標です。例えば，見る角度によって変化して見える文字や図形などが該当します。

(3) 色彩のみからなる商標

色彩のみからなる商標とは，単色または複数の色彩の組合せのみからなる商標です。例えば，商品の包装紙や広告用の看板に使用される色彩などが該当します。

(4) 音商標

音商標とは，音楽，音声，自然音等からなる商標であり，聴覚で認識される商標です。例えば，CMなどに使われるサウンドロゴやパソコンの起動音などが該当します。

(5) 位置商標

位置商標とは，文字や図形等の標章を商品等に付す位置が特定される商標です。例えば，包丁の柄の部分に付すことを特定した商標が該当します。

Answer　×（匂いは商標として認められていません。）

9-5　出願公開と金銭的請求権

　商標登録出願は，出願後，公報の発行準備が整い次第，すみやかに出願公開が行われます。出願公開においては出願人の氏名・名称，願書に記載した商標，指定商品・役務などが公報に掲載されます。

1　出願公開の趣旨

　平成11年の法改正において，商標登録出願から商標権の設定登録までの間に，出願人以外の者が出願された商標を使用することによって出願人に生じた業務上の損失を補填するために金銭的請求権が認められることとなりました。これに伴い，出願の内容を公示するため，同法改正により出願公開が設けられました。

2　他の法律との比較

　特許法では，出願から1年6か月を経過した特許出願が出願公開の対象となります。実用新案法・意匠法では，出願公開はありません。特許法・実用新案法・意匠法・商標法のすべての法律において，権利が設定登録された後の公報掲載はあります。

3　金銭的請求権の発生要件

　金銭的請求権の発生要件は以下の通りです。

---
① 商標登録出願後，出願に係る内容を記載した書面を相手方に提示して警告していること
② 警告後，商標権の設定登録前に，相手方が出願に係る指定商品・役務について商標の使用をしていること
③ 当該使用により業務上の損失が生じていること

　以上の要件を満たす場合，出願人は当該使用により生じた業務上の損失に相当する額の金銭の支払を請求する権利（金銭的請求権）を取得します。

まとめcheck　商標登録出願の出願人は，商標権が設定登録される前に，金銭的請求権を行使することができる。○か×か。

4 金銭的請求権の行使

　特許法の補償金請求権と同様に，金銭的請求権を行使できるのは商標権の設定登録後です。これは，商標登録出願されたものの全てが登録されるわけではないことから，登録前の段階で請求権の行使を認めることとすると，出願が拒絶された場合の利害関係の調整が困難となる場合があるためです。

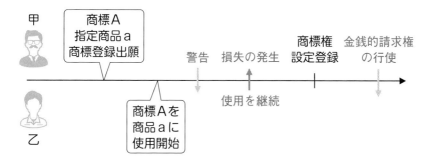

5 補償金請求権との相違点

　金銭的請求権は，特許法の補償金請求権と似ていますが，以下の点において異なります。

---
① 出願公開されていることが発生要件となっていない。
② 相手方が悪意で使用していても警告は必要。
③ 損失が発生していなければ警告をしても金銭的請求権は生じない。

Answer ✕（金銭的請求権の行使は，商標権の設定登録後に限られます。）

9-6 商標の識別力①

　商標が識別力を有することが商標登録の要件となっています。商標は，商標使用者の商品・役務と他者の商品・役務とを，需要者等が識別できるようにするものだからです。

1 識別力のない商標の類型

　商標法3条1項各号は，以下の商標を識別力のない商標としています。

- 普通名称（1号）
- 慣用商標（2号）
- 記述的商標（3号）
- ありふれた氏または名称（4号）
- 極めて簡単かつありふれた商標（5号）
- 需要者が出所を認識できない商標（6号）

　6号はいわゆる総括規定であり，1号から5号には該当しないけれども，識別力を有さない商標が該当します。

2 普通名称（1号）

　指定商品または指定役務の普通名称を普通に用いられる方法で表示する文字のみからなる商標は登録を受けることができません。例えば，以下のものがあります。

指定商品「サニーレタス」について，商標「サニーレタス」
指定商品「電子計算機」について，商標「コンピュータ」
指定商品「スマートフォン」について，商標「スマホ」

　正式名称だけでなく略称も普通名称に該当すると考えられています。
　ただし，普通名称を「普通に用いられる方法で表示する」ものでなければ，該当しません。例えば，特殊な書体で表されている場合は該当しません。

まとめcheck　商品「電子計算機」を指定する商標「りんご」は商標法3条1項1号の商標に該当する。○か×か。

3 慣用商標（2号）

指定商品または指定役務について慣用されている商標は登録を受けることができません。例えば，以下のものがあります。

> 役務「宿泊施設の提供」について，文字商標「観光ホテル」
> 役務「葬儀の執行」について，色彩商標「黒色及び白色の組合せの色彩」
> 商品「焼き芋」について，音商標「石焼き芋の売り声」

慣用<u>商標</u>ですので，普通<u>名称</u>（1号）とは異なり，文字以外の図形，記号，音なども含まれます。

4 記述的商標（3号）

指定商品の産地，販売地，品質，原材料，効能，用途，形状，生産もしくは使用の方法もしくは時期その他の特徴，数量もしくは価格のみを普通に用いられる方法で表示するものは登録を受けることができません。

また，指定役務の提供の場所，質，提供の用に供する物，効能，用途，態様，提供の方法もしくは時期その他の特徴，数量もしくは価格のみを普通に用いられる方法で表示するものは登録を受けることができません。

例えば，以下のものがあります。

> 商品「書籍」について，商標「小説集」
> 商品「録音済みのコンパクトディスク」について，商標「クラシック音楽」
> 役務「放送番組の制作」について，商標「ニュース」

Answer ×（商標「りんご」は商品「電子計算機」の普通名称ではありません。）

9-7 商標の識別力②

1 ありふれた氏または名称（4号）

　指定商品・役務にかかわらず，ありふれた氏または名称のみを普通に用いられる方法で表示するものは商標登録を受けられません。

　「ありふれた氏」というのは，同種の氏が多数存在するものをいいます。

> 例）佐藤，鈴木，高橋，田中，渡辺，伊藤

　「ありふれた名称」とは，著名な地理的名称，ありふれた氏，業種名等や，これらを結合したものに，商号や屋号に慣用的に付される文字や会社等の種類名を表す文字等を結合したものです。

> 例）佐藤商店，佐藤製作所，株式会社佐藤商事

2 極めて簡単かつありふれた商標（5号）

　極めて簡単かつありふれた商標は登録を受けることができません。

　例えば，以下のものです。

- ●数字・ローマ字の1字または2字からなるもの
- ●仮名文字（変体仮名を含む。）1字
- ●ローマ字の1字または2字の次に数字を組み合わせたもの
- ●1本の直線，波線，輪郭として一般的に用いられる図形
- ●球，立方体，直方体，円柱，三角柱等の立体的形状

- ●単音やこれに準ずる極めて短い音

まとめcheck　文字商標「AB12」については登録を受けることができない。○か×か。

3 需要者が出所を認識できない商標（6号）

1号から5号までに該当しないものであっても，識別力がないものは，6号に該当し，商標登録を受けることができません。例えば，以下のものが該当します。

> ● 元号を表示する商標（令和，平成，昭和など）
> ● 店舗または事務所の形状からなる商標
> ● 店名として多数使用されている商標
> ● 自然音を認識させる音
> ● 需要者にクラシック音楽，歌謡曲等の楽曲としてのみ認識される音
> ● 役務の提供の用に供する物が発する音（例えば，役務「車両による輸送」について，音商標「車両の発するエンジン音」）

4 使用による特別顕著性

3号から5号に該当する場合であっても，商標を使用した結果，商標が全国的に著名になり，識別力（使用による特別顕著性）を獲得した商標については，例外的に，商標登録を受けることができます（商標法3条2項）。

1号・2号・6号が除かれている理由は，識別力が生じている商標は，もはや「普通名称」「慣用商標」「識別力の無い商標」とは呼べないためです。

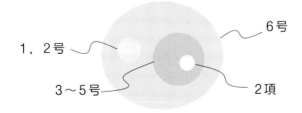

第9章　商標法（国内出願）

Answer　○（「極めて簡単かつありふれた商標」に該当し，登録を受けられません。）

9-8 商標法4条1項1～5号

1 商標法4条1項1号

　国旗，菊花紋章，勲章，褒章または外国の国旗と同一または類似の商標については登録を受けることができません。商標登録を認めると，これらが表示するものの尊厳を傷つけるおそれがあり，また，一私人に独占を許すことは妥当ではないためです。

例）大勲位菊花章

※商標審査基準より引用

2 商標法4条1項2号

　①パリ条約の同盟国，②世界貿易機関の加盟国，③商標法条約の締約国の，国の紋章その他の記章であって，経済産業大臣が指定するものと同一または類似の商標に該当する場合，商標登録を受けることができません。1号と同様の趣旨による規定です。

例）米国の記章

※商標審査基準より引用

3 商標法4条1項3号

　国際連合その他の国際機関を表示する標章であって経済産業大臣が指定するものと同一または類似の商標に該当する場合，商標登録を受けることができません。1号と同様の趣旨による規定です。

例）国際連合の標章

※商標審査基準より引用

> **まとめcheck**　国旗については，その国の商品を指定すれば，商標登録を受けることができる。○か×か。

4 商標法４条１項４号

　①赤十字使用法１条の標章もしくは名称，または，②国民保護法158条１項の特殊標章と同一または類似の商標は登録を受けることができません。法律で使用を禁止しているものに商標権を設定することは妥当でなく，また，赤十字社等の権威を傷つけるおそれがあるためです。

例）赤十字　　　　　例）赤新月　　　　例）赤のライオンおよび太陽

※商標審査基準より引用

第9章　商標法（国内出願）

5 商標法４条１項５号

　日本国またはパリ条約の同盟国等の政府または地方公共団体の監督用または証明用の印章または記号のうち経済産業大臣が指定するものと同一または類似の標章を有する商標で，その印章または記号が用いられている商品または役務と同一または類似の商品または役務について使用するものについては，商標登録を受けることができません。品質保証的機能が強い標章の登録を防ぐことにより，商品の品質および役務の質の誤認を防止するためです。

例）マレーシアの監督用または証明用の印章または記号

白　　　黒

※商標審査基準より引用

Answer　×（商標法４条１項１号により，登録を受けることはできません。）

9-9 商標法４条１項６～９号, ４条３項

1 商標法４条１項６号

　日本国もしくは日本国の地方公共団体もしくはこれらの機関，公益に関する団体であって営利を目的としないもの，公益に関する事業であって営利を目的としないものを表示する著名な標章と同一または類似の商標は登録を受けることができません。それらの権威を尊重するためです。

> 公益に関する団体の例
> ●日本オリンピック委員会　●日本貿易振興機構　●政党
> ●国際オリンピック委員会　●キリスト教青年会
> 公益に関する事業の例
> ●地方公共団体等が行う水道事業，交通事業，ガス事業
> ●オリンピック　●パラリンピック

2 商標法４条１項７号

　公の秩序または善良の風俗を害するおそれがある商標については，登録を受けることができません。例えば，以下のものが該当します。

> ●非道徳的，卑わい，差別的，もしくは他人に不快な印象を与える商標
> ●他の法律によって，使用が禁止されている言葉を含む商標
> 　例)「大学」の文字を含み，学校教育法に定める大学と誤認させる商標
> ●特定の国もしくはその国民を侮辱し，または一般に国際信義に反する商標
> ●国家資格等を表すまたは国家資格等と誤認を生ずるおそれのある商標
> 　例)「××士」「××博士」等
> ●歴史上の人物名（周知・著名な故人の人物名）からなる商標

3 商標法４条１項８号

　他人の肖像または他人の氏名もしくは名称もしくは著名な雅号，芸名もしく

まとめcheck　自分の肖像について商標登録を受けることはできない。○か×か。

は筆名もしくはこれらの著名な略称を含む商標（その他人の承諾を得ているものを除く）は登録を受けることができません。人格的利益の保護のためです。

4 両時判断

原則として，商標登録の要件を満たすか否かは，査定・審決時を基準に判断します。しかし，8号は，査定・審決時に該当し，かつ，商標登録出願時にも該当する場合にのみ適用されます（商標法4条3項）。

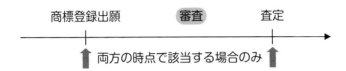

この両時判断の規定は，後述の10号，15号，17号，19号についても適用されます。出願後にこれらの規定に該当するようになったものまで不登録にするのは出願人にとって酷だからです。

5 商標法4条1項9号

政府もしくは地方公共団体が開設する博覧会など，所定の博覧会の賞と同一または類似の標章を有する商標は，その賞を受けた者が商標の一部としてその標章の使用をするものを除いて，登録を受けることができません。博覧会の賞の権威の維持のためです。**博覧会**には，見本市，品評会，コレクション，フェア，メッセ等の名称を冠したものも含むと解されています。

Answer ×（商標法4条1項8号は<u>他人の</u>肖像の登録を禁じています。）

9-10 商標法4条1項10〜12号

1 商標法4条1項10号

　他人の業務に係る商品・役務を表示するものとして<u>需要者の間に広く認識</u>されている商標またはこれに<u>類似する商標</u>であって，その商品もしくは役務またはこれらに類似する商品もしくは役務について使用をするものは，登録を受けることができません。商品または役務の出所の混同防止とともに，一定の信用を蓄積した有名商標の既得の利益を保護する目的で規定されています。本規定には両時判断（商標法4条3項）が適用されます。

⑴　需要者の間に広く認識

　必ずしも最終消費者まで広く認識されている必要はなく，取引者の間に広く認識されている商標を含みます。全国的に認識されている商標のみならず，ある一地方で広く認識されている商標を含みます。商標登録を受けていない商標も含みます。

⑵　類似する商標

　商標が類似するか否かは，商標の外観（見た目），称呼（呼び方）または観念（意味）等を総合して全体的に観察し，両商標が使用されることにより，出所の混同が生じるおそれがあるか否かにより判断します。

> 称呼が似ている例
> 　「ダイラマックス」と「ダイナマックス」
> 　「コロネート」と「コロネット」
> 観念が似ている例
> 　「でんでんむし物語」と「かたつむり物語」

2 商標法4条1項11号

　当該商標登録出願の日前の商標登録出願に係る他人の登録商標またはこれに

まとめcheck　他人が使用している未登録商標については，その商標が需要者の間で全く知られていない商標であっても，登録を受けることができない。○か×か。

類似する商標であって，その商標登録に係る指定商品もしくは指定役務または
これらに類似する商品もしくは役務について使用をするものは，登録を受ける
ことができません。既に登録されている商標と同一または類似の商標の登録を
認めることは出所の混同につながるためです。

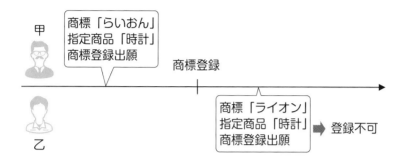

3 商標法4条1項12号

　他人の登録防護標章と同一の商標であって，その防護標章登録に係る指定商
品または指定役務について使用をするものは，登録を受けることができません。
　登録防護標章とは，著名な登録商標の指定商品・役務の範囲を非類似範囲ま
で広げるために登録される標章のことをいいます。例えば，上記11号の例にお
いて，甲の「らいおん」が著名である場合に，時計とは非類似の商品「書籍」
について他人が「らいおん」を使用した場合に甲の商品と混同を生じるおそれ
がある場合，商品「書籍」を指定して「らいおん」について防護標章登録を受
けることができます。

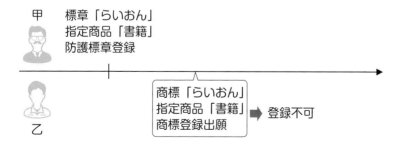

Answer　×（他人が使用していても，周知でなければ，登録可能です。）

9-11 商標法４条１項13～16号

1 商標法４条１項13号

従来，商標権が消滅した日から１年を経過していない他人の商標またはこれに類似する商標であって，その商標権に係る指定商品もしくは指定役務またはこれらに類似する商品もしくは役務について使用するものを不登録としていましたが，この規定は平成23年の法改正において削除されました。

2 商標法４条１項14号

種苗法（植物の品種を保護する法律）に基づく品種登録を受けた品種の名称と同一または類似の商標であって，その品種の種苗等に使用をするものは，登録を受けることができません。種苗法において登録品種の名称の使用義務及び使用の制限の規定が設けられているためです。

3 商標法４条１項15号

他人の業務に係る商品または役務と混同を生ずるおそれがある商標は登録を受けることができません。出所の混同を防止するためです。ただし，４条１項10号から14号に該当するものは，４条１項10号から14号が優先的に適用されます。４条１項15号は，４条１項10号から14号には該当しないけれども，混同を生じるおそれがある商標の登録を防ぐ規定です。本規定には両時判断（商標法４条３項）が適用されます。

「狭義の混同」と「広義の混同」

「混同」には「狭義の混同」と「広義の混同」があります。

「狭義の混同」とは，商品・役務を本来の提供者とは異なるものが提供したものだと誤信することを意味します。「広義の混同」は，狭義の混同に限らず，商品・役務が他者との間にいわゆる親子会社や系列会社等の緊密な営業上の関

まとめcheck 他人の商標権が消滅した直後に，その商標について商標登録出願をしても商標登録を受けることはできない。○か×か。

係または同一の表示による商品化事業を営むグループに属する関係にある営業主の業務に係る商品等であると誤信する場合も含みます。

これに関し，最高裁は，レールデュタン事件（平成10年（行ヒ）第85号）において，4条1項15号の混同は「広義の混同」であるとしています。

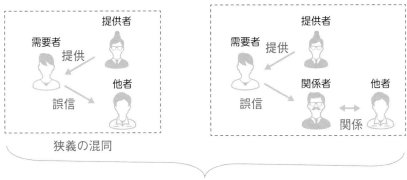

狭義の混同

広義の混同

4 商標法4条1項16号

商品の品質または役務の質の誤認を生ずるおそれがある商標は登録を受けることができません。需要者の利益を保護するためです。

例えば，商品「じゃがいも」を指定して，商標「北海道ポテト」について登録を受けようとする場合，商品「じゃがいも」には北海道産以外のじゃがいもも含まれるため，北海道産以外のじゃがいもに使用された場合に，品質の誤認が生じるおそれがあります。本号に該当しないようにするためには指定商品の範囲を「北海道産のじゃがいも」に減縮します。

Answer ✕（商標法4条1項13号は削除されています。）

9-12 商標法４条１項17〜19号

1 商標法４条１項17号

所定のぶどう酒もしくは蒸留酒の産地を表示する標章を有する商標であって，当該産地以外の地域を産地とするぶどう酒・蒸留酒について使用をするものは，登録を受けることができません。ぶどう酒・蒸留酒の有名な産地の信用を保護する規定です。本規定には両時判断（商標法４条３項）が適用されます。

> ４条１項17号に該当する例
> - 日本産のワインに「BORDEAUX（ボルドー）」
> - 日本産のスパークリングワインに「CHAMPAGNE（シャンパーニュ）」
> - 外国産の蒸留酒に「琉球」

2 商標法４条１項18号

以下の商標は登録を受けることができません。

> ① 商品もしくは商品の包装が当然に備える立体的形状，色彩または音
> ② 役務の提供の用に供する物が当然に備える立体的形状，色彩または音

商標権は存続期間の更新を繰り返すことができる権利であることから，このような商標について商標登録を認めることとすると，その商品または商品の包装についての生産・販売の独占を長期にわたり許すこととなり自由競争を不当に阻害するおそれがあるためです。

3 商標法３条１項との関係

商品等が当然に備える特徴のみからなる商標は，原則として商標法３条１項３号に該当するため，商標法４条１項18号を適用するか否かが問題となるのは，商標法３条２項（使用による特別顕著性）が認められる商標ということになります。

まとめcheck 通常のイチゴが有する色について商品「いちご」を指定して商標登録を受けることができる場合がある。○か×か。

4 商標法4条1項19号

他人の業務に係る商品または役務を表示するものとして日本国内または外国における需要者の間に広く認識されている商標と同一または類似の商標であって，不正の目的をもつて使用をするものは，登録を受けることができません。ただし，商標法4条1項1号から18号に該当する場合，それらが優先的に適用されます。この規定には両時判断（商標法4条3項）が適用されます。

5 商標法4条1項19号の趣旨

外国で周知な商標について所有者に無断で不正の目的をもってなされる出願・登録を排除すること，さらには，全国的に著名な商標について出所の混同のおそれがなくても出所表示機能の稀釈化から保護することを目的として規定されています。

6 「不正の目的」とは

「不正の目的」とは，不正の利益を得る目的，他人に損害を加える目的をはじめとして，取引上の信義則に反するような目的のことをいいます。

> 不正の目的の例
>
> 　外国において周知な他人の商標と同一または類似の商標について，我が国において登録されていないことを奇貨として，高額で買い取らせたり，外国の権利者の国内参入を阻止したり，国内代理店契約を強制したりする等の目的で，先取り的に出願した場合。

Answer　×（商標法3条1項3号または4条1項18号により登録を受けられません。）

9-13 団体商標

　団体商標とは，事業者を構成員に有する団体がその構成員に使用させる商標であり，商品または役務の出所が当該団体の構成員であることを明らかにするものです（商標法7条）。

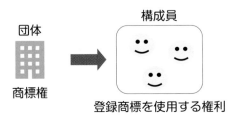

構成員

団体

商標権

登録商標を使用する権利

1 団体商標の役割

　団体商標は，団体の構成員が扱う商品・役務についての共通的性質を表示するものであり，これによって，団体の構成員は，相互の協力により当該**団体商標の信用力を高め，特産品作り等の団体の目的達成にも資する**ことが期待されます。なお，団体商標に係る商標権であっても，その権利の内容や範囲については基本的に通常の商標権と同じです。

2 主体要件

　団体商標の登録を受けられる団体は，法人格を有し，以下のいずれかに該当する必要があります。

- ① 一般社団法人その他の社団（会社を除く。）
- ② 事業協同組合その他の特別の法律により設立された組合
- ③ 上記①および②に相当する外国の法人

　例えば，財団法人，株式会社，フランチャイズチェーンはこれらの要件を満たさず，団体商標の登録を受けることはできません。

まとめcheck　団体商標の商標権は，団体の構成員の共有となる。○か×か。

3 客体要件

団体の構成員に使用させる商標であることが要件となります。構成員が使用するものであれば，団体が使用する商標でなくても登録が可能です。その他の要件については，通常の商標と同様です。

4 手続要件

団体商標の登録を受けるためには，団体が**主体要件を満たす法人であることを証明する書面**を特許庁長官に提出しなければなりません。

5 移転の制限

団体商標の商標権を団体商標として移転するときは，以下の書面を移転の登録の申請と同時に特許庁に提出しなければなりません（商標法24条の3）。

① 団体商標として移転する旨を記載した書面
② 移転先が団体商標の主体要件を満たすことを証明する書面

これらの書面を提出せずに移転がなされると，その商標権は，通常の商標権に変更されたものとみなされます。

6 団体構成員の権利

団体商標が登録されると，団体構成員は，当該団体の定めるところにより，指定商品または指定役務について登録商標を使用する権利を取得します（商標法31条の2）。個別に使用許諾契約を結ぶ必要はありません。団体構成員の権利は，相続その他の一般承継の場合を含め，移転することはできません。

9-14 地域団体商標①

　地域団体商標は，地域ブランドを表示する商標について，団体が登録を受け，団体構成員が使用する商標です。地域ブランドにおいて多く用いられる「地域名＋商品名」からなる商標等について，例外的に商標法3条1項3号〜6号を適用せず，登録を受けやすいものとしています。団体商標制度と似ていますが，団体商標とは別個の制度です。

地域団体商標の登録例
　●松阪牛　●九谷焼　●下呂温泉　●草加せんべい　●静岡茶

1 地域団体商標制度の趣旨

　地域団体商標制度は，地域の産品等についての事業者の信用の維持を図り，**地域ブランドの保護による我が国の産業競争力の強化と地域経済の活性化**を目的として設けられています。

2 主体要件

　地域団体商標の登録を受けることができるのは以下の者です。

① 事業協同組合その他の特別の法律により設立された組合
　※法人格を有しないものは除かれます。
　※構成員としての加入の自由の定めがあるものに限られます。
② 商工会，商工会議所，特定非営利活動法人
③ 上記①または②に相当する外国の法人

3 客体要件

　以下の要件を満たす必要があります。

① 組合等がその構成員に使用をさせる商標であること

まとめcheck　地域団体商標は，団体商標の一種である。○か×か。

② 商標が団体またはその構成員の業務に係る商品または役務を表示するものとして需要者の間に広く認識されていること

③ 登録を受けようとする商標は以下いずれかに該当すること

（ⅰ）「地域の名称＋商品（役務）の普通名称」の文字商標

（ⅱ）「地域の名称＋商品（役務）の慣用名称」の文字商標

（ⅲ）「上記(ⅰ)または(ⅱ)＋商品の産地または役務の提供の場所を表示する際に慣用されている文字」の文字商標

⑴ 「地域の名称」とは

「地域の名称」には，現在の行政区画単位の地名ばかりでなく，旧地名，旧国名，河川名，山岳名，海域名等の地理的名称も含まれると解されています。

⑵ 「慣用名称」とは

慣用名称とは，商品または役務の普通名称とはいえないが，商品または役務を表す名称として需要者，取引者の間で慣用されている名称をいいます。普通名称の略称が慣用されている場合も含まれます。

例）工芸品における「焼」(陶器，磁器)，「織」(織物)，「塗」(漆器，塗物)
食品における「牛」(牛肉)，「豚」(豚肉)，「漬」(漬物)

⑶ 「産地等を表示する際に慣用されている文字」とは

該当するものの例としては，「本場」，「特産」，「名産」，「名物」などの文字があります。一方，該当しないものの例としては，「特選」，「元祖」，「本家」，「特級」，「高級」などの文字があります。

⑷ 需要者の間に広く認識されていること

商標が全国的な著名性を獲得している場合には，地域団体商標としなくても，商標法3条2項の適用を受けることで，商標法3条1項3号〜5号の規定にかかわらず商標登録を受けることができます。また，その場合，商標法3条1項6号にも該当しません。

地域団体商標制度は，全国的な著名性を獲得するにいたっていない商標であっても，所定の周知性を獲得していれば，例外的に登録を認め，地域ブランドを保護することとしています。

Answer ×（地域団体商標と団体商標は別個の制度に基づくものです。）

9-15 地域団体商標②

1 手続要件

地域団体商標の商標登録を受けようとする者は，以下のものを**特許庁長官**に提出しなければなりません。

> ① 商標登録出願人が所定の組合等であることを証明する書面
> ② 商標が所定の地域の名称を含むことを証明するために必要な書類

上記②の「所定の地域の名称」とは，団体もしくはその構成員が商標登録出願前から当該出願に係る商標の使用をしている商品の産地もしくは役務の提供の場所，その他これらに準ずる程度に当該商品もしくは当該役務と密接な関連性を有すると認められる地域の名称またはその略称を意味します。

2 商標権の譲渡の禁止

地域団体商標の商標権は譲渡することができません（商標法24条の2第4項）。地域団体商標に係る商標権の自由な譲渡を認めた場合には，地域団体商標につき主体要件を定めた趣旨を没却することになるためです。団体の合併などによる一般承継の場合には移転が可能です。

まとめcheck 地域団体商標の商標権の譲渡は，地域団体の構成員への譲渡であっても認められない。〇か×か。

3 地域団体構成員の権利

　地域団体構成員は，団体商標の団体構成員と同様に，団体の定めるところにより，指定商品・役務について登録商標の使用をする権利を有します（商標法31条の2）。個別に使用許諾契約を結ぶ必要はありません。地域団体構成員の権利は，相続その他の一般承継の場合を含め，移転できません。

　地域団体商標と同じ地域で同じ商品・役務を提供する事業者が地域団体商標の使用を欲する場合，地域団体商標の登録を受けた団体に加入することができます。「地域名＋商品名」からなる商標等は，本来，特定の者に独占させるべきものではないため，地域団体商標の登録を受けられる者の要件として，設立根拠法に構成員としての加入の自由の定めがある団体であることを挙げ，そのような事業者が地域団体商標を使用しやすい制度としています。

4 専用使用権の設定の禁止

　地域団体商標の商標権に基づく専用使用権の設定は禁止されています（商標法30条1項）。地域団体商標についても専用使用権を設定できることとすれば，設定範囲においては商標権者たる団体およびその構成員の使用も制限されることになり，上記のように，同地域の事業者が地域団体商標を使用しやすくするという地域団体商標の制度趣旨に反するからです。

Answer　○（地域団体の構成員への譲渡も含めて，地域団体商標の商標権の譲渡は禁止されています。）

9-16 補正

商標登録出願などの商標に関する手続を行った者は，所定の期間内に，その手続の補正を行うことができます（商標法68条の40）。

1 補正の時期

補正することができるのは，原則として，補正の対象となる手続が以下のものに係属している時です。

①審査　②登録異議申立ての審理　③審判　④再審

商標登録出願についての補正は，上記「②登録異議申立ての審理」の間は，行うことができません。登録異議申立ての審理が係属しているということは，既に商標権が設定登録されており，商標登録出願が登録異議申立の審理に係属しているわけではないためです。登録異議申立ての審理に係属している場合に補正できるのは，登録異議申立てに関する手続です。

2 区分の減縮

上記補正の時期の制限にかかわらず，登録査定または審決の後，登録料を納付する際に，商標登録出願の区分の数を減らす補正が可能です（商標法68条の40第2項）。出願後，登録料を納付するまでの間に，所定の区分について商標を使用する意思を失い，権利化する必要性がなくなることもあるため，例外的に認められている補正です。認められるのは区分単位の削除のみであり，特定の商品・役務だけを削除することはできません。

【第5類】
薬剤，衛生マスク，オブラート，ガーゼ
【第10類】
水まくら，三角きん，支持包帯　　◀　区分単位で削除

まとめcheck　指定商品・役務の一部を削除する補正は要旨変更となる。○か×か。

3 商標登録出願の補正内容の制限

指定商品・役務または商標の補正が，これらの要旨を変更するものであるときは，その補正は審査官によって却下されます（商標法16条の2）。

4 要旨の変更により補正が認められない場合

指定商品・役務の範囲の変更または拡大，商標の変更は，要旨の変更に該当します。例えば，以下の補正が要旨変更となります。

> ① 第32類「ビール」から第33類「洋酒」への変更
> ② 第12類「貨物自動車」から第12類「自動車」への拡大
> ③ 商標中の文字，図形，記号または立体的形状の変更，削除，追加

5 要旨の変更とならない場合

例えば，以下の補正は要旨の変更とはされず，補正が認められます。

> ① 指定商品第21類「食器類」から「コップ，茶わん」への減縮
> ② 願書に記載した商標から，立体商標以外には認識できない場合において，立体商標である旨の記載を追加する補正

6 補正却下に対する対応

補正却下に対しては意匠法と同様に以下の対応を取ることができます。

> ● 補正却下決定不服審判の請求（商標法45条）
> ● 補正却下後の新出願（商標法17条の2で準用する意匠法17条の3）
> ● 放置して補正前の状態で審査を受ける
> ● 補正後の内容で別途の出願を行う（商標法5条）

第9章 商標法（国内出願）

Answer　×（指定商品・役務の一部を削除する補正は要旨変更には当たりません。）

9-17 出願の分割と変更

1 出願の分割

複数の商品または役務を指定商品・役務とする商標登録出願の一部を分割して新たな商標登録出願とすることができます（商標法10条）。新たな商標登録出願は，もとの商標登録出願の時に出願したものとみなされます。

2 出願の分割の意義

商標法には特許法の単一性のような要件はありませんが，審査において，一部の指定商品・役務についてのみ拒絶理由があるとされた場合に，その指定商品・役務について分割による新たな商標登録出願をすることで，その他の指定商品・役務については速やかに商標登録を受けることができます。

3 分割が可能な時期

出願の分割は，出願が以下のいずれかに係属している場合に可能です。

①審査　②審判　③再審　④拒絶をすべき旨の審決に対する訴え

4 親出願の手数料

出願の分割は親出願の出願手数料を納付していることを要件とし，親出願の出願手数料を納付していない場合には分割出願の出願時の遡及効が認められません。平成30年の法改正により加えられた要件です。

まとめcheck　商標登録出願の分割は，出願が審査，審判または再審に係属している場合にのみ行うことができる。○か×か。

5 出願の変更

商標法において規定されている以下の出願の間で，相互に出願の変更が認められています（商標法11条，12条，65条）。

- ●通常の商標登録出願　　●団体商標の商標登録出願
- ●地域団体商標の商標登録出願　　●防護標章登録出願

特許出願など，他の法律に基づく出願との間での変更は認められていません。出願の変更が行われた場合，もとの出願は取り下げられたものとみなされ，変更後の出願は，もとの出願の時に出願したものとみなされます。

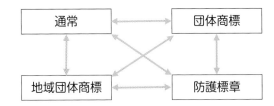

第9章

商標法（国内出願）

(1) 客体的要件

変更の前後において，商標または標章が同一であること，指定商品・役務が同一であることが要求されます。また，変更後の出願の種類に応じた要件を満たす必要があります。例えば，団体商標への変更の場合，出願人が団体商標の登録を受けることができる団体であることを証明する書面を提出する必要があります。

(2) 時期的要件

もとの出願について査定または審決が確定するまで出願の変更が可能です。

Answer ✕（拒絶をすべき旨の審決に対する訴えに係属中も分割可能です。）

9-18 存続期間と更新登録

商標権の存続期間は設定登録の日から10年ですが，10年おきに更新することにより，権利を維持し続けることができます。

1 趣旨

商標権は，商標に蓄積された信用を保護することから，特許権のような意味で存続期間を限る必要はなく，存続期間を限ることは長年の使用により蓄積された信用を保護する商標法の趣旨に反することになります。

しかし，何らの制限なしに一度設定された商標権が永久に存続するということは，権利者が業務の廃止その他の理由によりその商標権の存続を希望しなくなったような場合等に不当な結果を招くことにつながります。

そこで，商標権の存続期間を10年とし，必要な場合は，何度でも更新できる制度としています。

2 更新の手続

商標権の存続期間の更新は，商標権者が更新登録の申請書を特許庁長官に提出し，それと同時に更新登録料を納付することにより行います。更新手続の方式審査は行われますが，実体的な要件の審査は行われません。

3 更新手続の時期

原則として，商標権の存続期間の満了前6か月から満了の日までの間に更新の申請を行います（商標法20条2項）。この期間に更新の申請を行わなかった場合には，例外的に，存続期間の満了後6か月以内にその申請をすることができます（商標法20条3項）。存続期間の満了後6か月以内に更新の申請を行う場合，原則として，更新登録料が2倍になります。

まとめcheck 商標権の存続期間の更新登録の申請を行うと，商標を使用しているか否かの審査が行われる。○か×か。

4 一括納付と分割納付

更新登録料の納付は，10年分を一括で納付する一括納付と，5年分ごとに分けて納付する分割納付のいずれかを選択することができます。それぞれの場合の更新登録料は以下の通りです。

> 一括納付：43,600円×区分数
> 分割納付：22,800円×区分数×2回

分割納付の後半分は，商標権の存続期間の満了前5年までに納付します。

5 更新しない場合の効果

更新登録の申請を行わなかった場合でも，商標権の存続期間の満了日から6か月以内は商標権が存在するものとして扱われます。さらにその期間を経過しても更新登録の申請が行われない場合，商標権の存続期間の満了の日に遡って商標権が消滅します（商標法20条4項）。

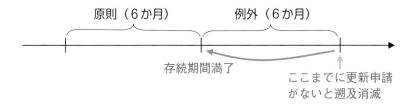

第9章 商標法（国内出願）

Answer ×（商標を使用しているか否かの審査は行われません。）

9-19 商標権の効力

商標権者は，指定商品または指定役務について**登録商標を使用する権利**および**他人による使用を禁止，排除する権利**を有します（商標法25条）。この権利を専用権と呼びます。

また，商標権者は他人が**自己の商標権の類似範囲**において**商標の使用をすることを禁止しまたは排除する権利**を持ちます（商標法37条１号）。この権利を禁止権と呼びます。

	同一商品・役務	類似商品・役務	非類似商品・役務
同一商標	**専用権**	禁止権	権利なし
類似商標	禁止権	禁止権	権利なし
非類似商標	権利なし	権利なし	権利なし

1 商標の使用とは

商標の使用は，商標法２条３項において，10個の類型に分けて定義されています。使用の定義はおおむね以下の通りです。

① 商品または商品の包装に商標を付する行為
② 商品または商品の包装に商標を付したものを譲渡等する行為
③ 役務の提供を受ける者が利用する物に商標を付する行為
④ 商標を付したものを用いて役務を提供する行為
⑤ 商標を付したものを役務の提供のために展示する行為
⑥ 役務の提供を受ける者の役務に係る物に商標を付する行為
⑦ 画面上に商標を表示してインターネットを介した役務を提供する行為
⑧ 広告，価格表，取引書類に商標を付して展示，頒布等する行為
⑨ 商品の譲渡等または役務の提供のために音の商標を発する行為
⑩ 上記のほか，政令で定める行為

まとめcheck 事業としてではなく，個人的に行った行為に対しても商標権の効力は及ぶ。○か×か。

2 「業として」について

特許権，実用新案権，意匠権は「業として」実施することに関する権利でしたが，商標法25条には「業として」という要件はありません。これは，商標法2条1項の商標の定義において，商標は「業として」商品・役務に使用するとされているためです。個人的・家庭的な商標の使用に商標権の効力が及ばない点は特許権等と同様です。

3 専用使用権を設定した場合

商標権について専用使用権を設定したときは，専用使用権者がその登録商標の使用をする権利を専有する範囲については，商標権者であってもその部分の使用ができなくなります（商標法25条ただし書）。この点は，特許権に専用実施権を設定した場合と同様です。

4 商標権が侵害された場合

商標権が侵害された場合，商標権者は，商標の**使用の停止の請求**（差止請求，商標法36条）や，商標の使用によって損害が生じた場合にはその**賠償の請求**を行うことができます（損害賠償請求，民法709条）。

5 適法に販売されたものの譲渡等

商標権者が適法に商標を付した商品を購入して転売する行為は，商標権を侵害しません。商品が流通する間，その商標は，商標権者の商品であることを示す商標として機能するためです。一方，流通過程において商標を削除する行為は，商標権者による商標の使用を妨げるため，商標権を侵害します。

第9章　商標法（国内出願）

Answer ×（業として使用しないものは商標ではなく，商標権の効力は及びません。）

9-20 　商標権の効力の制限

　商標法26条は，識別力がない商標等に対しては商標権の効力が及ばない旨を規定しています。特許法69条に対応する規定です。

1　商標法26条の趣旨

　第一に，過誤登録に対する第三者の救済であり，商標登録の無効審判によるまでもなく，他人に商標権の効力を及ぼすべきでないとの趣旨があります。特に無効審判の除斥期間が経過した後に実益があります。

　第二に，商標自体は不登録理由に該当しないため商標登録を受けることができたが，その類似部分に商標権の効力を及ぼすのは妥当ではないと考えられるときに，当該部分の禁止的効力を制限するとの趣旨があります。

> 例）登録商標「アスカレーター」に対して
> 　　他者の商標「エスカレータ」

　第三に，後発的に本条に定めるものとなった場合に商標権の効力を制限し，他者による使用を保障するとの趣旨があります

> 例）商標が普通名称化した例
> 　　「エスカレータ」「サニーレタス」「巨峰」

2　自己の氏名等（商標法26条1項1号）

　自己の肖像または自己の氏名もしくは名称もしくは著名な雅号，芸名もしくは筆名もしくはこれらの著名な略称を普通に用いられる方法で表示する商標には商標権の効力が及びません。

まとめcheck　登録商標が普通名称化した場合，その商標を他人が使用する行為に対しては商標権の効力が及ばない。○か×か。

効力が及ばない

登録商標「伊藤隆治」　➡　本名「伊藤隆治」

　ただし，不正競争の目的で使用する場合は除かれます（商標法26条2項）。例えば，自己の氏名がたまたま有名人と同一であることを利用して，その有名人と関係のある商品であると需要者に信じさせる場合が考えられます。

3 普通名称・記述的商標（商標法26条1項2号，3号）

　登録商標の指定商品との関係で商標法3条1項1号（普通名称）または3号（記述的商標）に該当するような商標については商標権の効力が及びません。

4 慣用商標（商標法26条1項4号）

　登録商標の指定商品・役務またはこれに類似する商品・役務との関係で商標法3条1項2号（慣用商標）に該当するような商標については商標権の効力が及びません。

5 商品等が当然に備える特徴からなる商標（商標法26条1項5号）

　商標法第4条1項18号（商品等が当然に備える特徴からなる商標）に該当するような商標については商標権の効力が及びません。

6 商標法26条1項6号

　需要者が何人かの業務に係る商品または役務であることを認識することができる態様により使用されていない商標，すなわち「商標的使用」でない商標の使用については，商標権の効力が及びません。例えば，商品の包装の目立つ位置に大きく商標を表示するのが通常である商品において，目立たない位置に小さく付された文字等に対しては，商標権の効力が及びません。

第9章　商標法（国内出願）

Answer　○（商標法26条1項2号，3号により商標権の効力が制限されます。）

9-21 専用使用権と通常使用権

　商標権者以外の者が登録商標を指定商品・役務に使用することを認める権利として，専用使用権と通常使用権があります（商標法30条，31条）。**専用使用権は特許法等における専用実施権に対応し，通常使用権は特許法等における通常実施権に対応します。**

1 特許法等との相違点

　特許法等における**法定通常実施権**に対応する商標法上の権利は商標を使用する権利と呼ばれ，法定通常使用権とは呼びません。通常使用権が登録商標と同一の範囲にしか許諾できないのに対し，商標を使用する権利は登録商標と類似の範囲にも認められることがあるからです。

　商標法には裁定の規定はないため，商標法において通常使用権は許諾による通常使用権のみとなります。

特許法	商標法
許諾による通常実施権	許諾による通常使用権
法定通常実施権	商標を使用する権利
裁定通常実施権	なし

2 専用使用権の発生

　特許法等における専用実施権と同様に，商標法の専用使用権も，専用使用権を取得しようとする者が**商標権者と契約**を交わした上で，特許庁で**専用使用権の登録**を受けることで発生します（商標法35条）。

3 専用使用権の効力

　専用使用権者は，設定行為で定めた範囲内において，指定商品または は指定役務について登録商標の使用をする権利を専有します（商標法30条2項）。また，

まとめcheck　商標法においては，法定通常使用権の規定が置かれている。○か×か。

類似範囲にある商標を他者が使用するのを禁止する権利を有します（商標法37条1号）。このように，専用使用権が設定された範囲内においては，商標権と同様の効力を有します。

	同一商品・役務	類似商品・役務	非類似商品・役務
同一商標	専用権	禁止権	権利なし
類似商標	禁止権	禁止権	権利なし
非類似商標	権利なし	権利なし	権利なし

　専用使用権の侵害があった場合，専用使用権者は，侵害者に対して侵害行為の停止を求めたり（差止請求，商標法36条），侵害行為により生じた損害の賠償を求めること（損害賠償請求，民法709条）ができます。

4 通常使用権の効力

　通常使用権者は，設定行為で定めた範囲内において，指定商品または指定役務について登録商標の使用をする権利を有します（商標法30条2項）。専用使用権とは異なり，商標権者以外の者に対しては権利の効力が及びません。

5 需要者の利益の保護

　使用権者が，商標権者の商品・役務と品質・質の異なるものを提供したり，他の事業者と混同を生じるような商標の使用を行うと，需要者の利益が害されるおそれがあります。そこで，商標権者には，使用権者の使用を監視する義務が課されており，これに違反した場合，商標登録が取り消される可能性があります（商標法53条）。

 監視 商標の使用

商標権者　　　　　　　　使用権者　　　　　　　　需要者

Answer　×（商標法には「法定通常使用権」という権利はありません。）

9-22 先使用による商標を使用する権利

他人の商標登録出願前から商標を使用していた者に対して，所定の条件のもとで認められる権利です。特許法79条の先使用による通常実施権に対応する規定ですが，商標法においては，地域団体商標以外の商標について規定する「32条」と，地域団体商標について規定する「32条の2」があります。

1 商標法32条の先使用権の発生要件

①他人の商標登録出願前から，②日本国内において，③不正競争の目的でなく，④その商標登録出願に係る指定商品・役務またはこれらに類似する商品・役務についてその商標またはこれに類似する商標を使用し，⑤その商標登録出願の際現にその商標が自己の業務に係る商品または役務を表示するものとして需要者の間に広く認識されており，⑥継続してその商品または役務についてその商標の使用をしている場合に，商標を使用する権利が認められます。

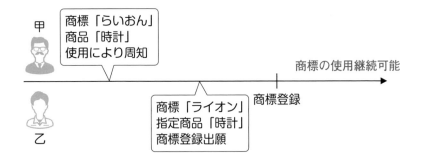

2 商標法32条の趣旨

商標権者以外の者がその出願前から使用する商標が周知商標になっている場合は，その後継続して使用する限りは，その企業努力によって蓄積された信用を既得権として保護しようとする規定です。

また，32条の未登録周知商標がある場合，その商標と同一または類似の範囲

まとめcheck 商標法32条に規定する商標を使用する権利は，周知性を獲得していることが発生要件となっている。○か×か。

にある他人の商標は4条1項10号に該当し，登録されないのが原則ですが，誤って登録された場合に，その未登録周知商標の使用を認めようという規定です。特に無効審判の除斥期間経過後に実益があります。

3 商標法32条の2の先使用権の発生要件

32条の先使用権の上記⑤の要件，すなわち，「その商標登録出願の際現にその商標が自己の業務に係る商品または役務を表示するものとして需要者の間に広く認識されていること」が要件でないことを除いて，32条と同様です。

4 商標法32条の2の先使用権の趣旨

地域団体商標として登録される地域の名称および商品（役務）名からなる商標は，同一の地域において同様の商品・役務を提供する事業者が，地域団体商標の出願前から同一または類似の商標を使用していることが想定されます。

この場合，当該事業者の商標が周知性を獲得していないからといって先使用権を認めないとすると，本来，識別力がなく，特定人に独占させるべきではない地域団体商標の登録によって事業活動を継続することができないこととなるため，周知性を要件とせずに先使用権を認めています。

5 混同防止表示請求

先使用権が認められる場合，異なる事業者が提供する同一または類似の商品・役務に同一または類似の商標が使用されることとなるため，需要者において混同が生じるおそれがあります。そこで，商標権者は先使用による商標を使用する権利を有する者に対して，混同を防ぐのに適当な表示を付すことを請求できることとしています（商標法32条2項）。

第9章 商標法（国内出願）

Answer　○（32条においては周知性が要件となっています。）

9-23 その他の「商標を使用する権利」

1 商標法33条（中用権）

　不登録理由があるにもかかわらず誤って商標登録がされ，無効理由があることを知らないで指定商品・役務について登録商標の使用をした結果，その商標が周知になった場合には，その商標登録の無効により商標権者の企業努力による信用の蓄積を破壊するのは酷であるため，商標の使用の継続を認めています。

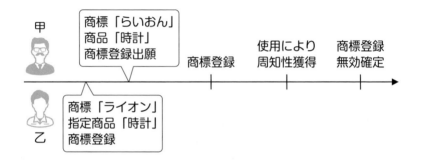

2 商標法33条の2

　商標権と抵触関係にある特許権，実用新案権または意匠権（以下「特許権等」）の存続期間が満了した後に特許権者等に商標の使用をする権利を認める規定です。商標権と特許権等が抵触する場合に，特許出願が先願であるか，または同日であるときは，特許権者は商標権による制約を受けることなく自由に自己の特許発明を実施することができますが，その特許権等が存続期間の満了により消滅した後に商標権が存続していると，原権利者は自己の特許発明を実施することができなくなってしまい，不合理であることから，本規定が設けられました。

まとめcheck　異なる者に属する特許権と商標権が抵触し，特許権が存続期間の満了により消滅しても，原特許権者が発明の実施を継続できる場合が有る。○か×か。

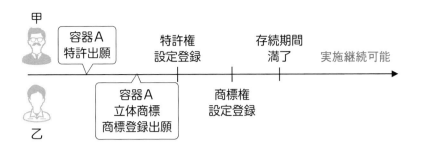

3 商標法33条の3

　上記33条の2に規定する特許権について専用実施権または通常実施権を有していた者にも商標の使用をする権利を認めています。

4 商標法60条（後用権）

　確定した決定または審決が再審により覆ったことにより，商標権が回復し，または，商標権が設定登録された場合に，元の審決または審決を信じて商標を使用していた者に商標を使用する権利を認める規定です。

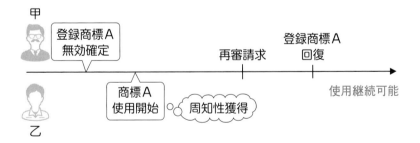

Answer　　○（商標法33条の2により実施の継続が認められる場合があります。）

9-24 | 登録異議申立て

商標法の規定により登録されるべきでない商標について登録がなされた場合，何人もその商標登録を取り消すことを求める**登録異議申立て**を行うことができます。登録異議申立てが行われると，商標登録の違法性の有無が審判官の合議体により審理され，違法性が有る場合には商標登録が取り消されます（商標法43条の2）。

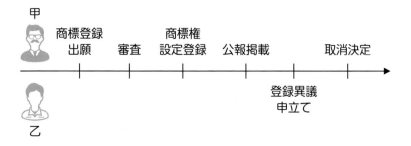

1 趣旨

商標登録に対する信頼を高めるという公益的な目的を達成するために，登録異議の申立てがあった場合に特許庁が自ら登録処分の適否を審理し，瑕疵ある場合にはその是正を図るという目的に基づきます。

(1) 請求人適格

何人も請求可能です。商標登録無効審判は**利害関係人のみ**請求可能です。

(2) 時期的要件

商標掲載公報の発行の日から2か月以内に限り申立て可能です。商標権者以外の者は公報掲載によって商標権が設定登録されたことを知るため，公報発行の日から2か月の間，申立てを認めています。なお，特許異議申立ては，特許掲載公報の発行の日から6か月以内に可能です。

まとめcheck　登録異議申立ては，利害関係人に限り，認められる。○か×か。

2 異議申立ての理由

商標法3条，4条等の規定により商標登録を受けることができない商標に対して商標登録されたことを理由として，異議申立てを行うことができます。

商標法6条1項および2項（一商標一出願）違反は拒絶理由ではありますが，異議申立ての理由ではありません。形式的な瑕疵であり，いったん商標登録があった以上は，その存続を認めても実害がないためです。

3 登録異議申立ての審理および決定

登録異議申立ての審理および決定は，3人または5人の審判官の合議体が行い，商標登録が異議理由に該当すると認めるとき，審判官がその商標登録について取消決定をしなければなりません。

4 取消決定確定の効果

取消決定が確定すると，商標権は**初めから存在しなかったもの**とみなされます。取消決定に対して不服がある場合には審決等取消訴訟を提起することができます。取消決定の効果が生じるのは，取消決定に対する不服申立手段が尽き，取消決定が確定した時です。

5 維持決定

異議申立てがされた商標登録が異議理由に該当しないときは，審判官はその商標登録について維持決定をしなければなりません。維持決定について，異議申立人は不服を申し立てることができません。維持決定に不服がある異議申立人は商標登録無効審判を請求します。この点は特許異議申立てと同様です。

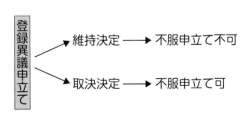

Answer　×（何人も登録異議申立てを行うことができます。）

9-25 商標登録無効審判

　商標登録に所定の無効理由が存在する場合，**利害関係人**は商標登録無効審判を請求して，その商標登録を無効にすることができます（商標法46条）。登録異議申立てが特許庁の審査の見直しを図る制度であるのに対し，商標登録無効審判はおもに紛争解決を目的とした制度である点において異なります。

1 趣旨

　過誤による商標登録を存続させておくことは，本来権利として存在することができないものに独占排他的な権利の行使を認める結果となり，妥当ではないことから，商標登録無効審判の規定が設けられています。

2 請求人適格

　商標登録について利害関係を有する者に限り請求することが可能です。何人も請求可能な登録異議申立てとは異なります。登録異議申立てにおいて維持決定がされた場合，異議申立人が利害関係人であれば，同じ理由で商標登録無効審判を請求することができます。

3 時期的要件

　商標権の発生後であれば請求可能であり，商標権の消滅後においても請求可能です。ただし，所定の無効理由については，商標権の設定登録から5年（除斥期間）を経過すると，無効審判を請求できません（商標法47条）。

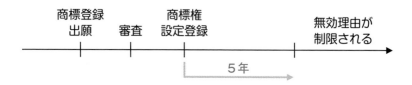

まとめcheck　商標権が設定登録されてから5年を経過した場合，その商標について商標登録無効審判が請求されることはない。○か×か。

4 無効理由

商標法3条，4条等の規定により商標登録を受けることができない商標に対して商標登録されたことの他，商標登録の後に商標登録の要件を満たさなくなったことも無効理由となっています（後発的無効理由）。なお，後発的無効理由は，登録異議申立ての理由にはなっていません。

5 審理

審判官の合議体が無効理由の有無について審理を行います。商標登録無効審判においては原則として口頭審理が行われます。口頭審理においては，商標権者と審判請求人が審判官の合議体の前で互いに口頭で意見を交わして審理を行います。

6 無効審決確定の効果

審判官の合議体が無効理由があると判断し，無効審決が確定すると，商標権は，初めから存在しなかったものとみなされます。後発的無効理由によって無効審決が確定した場合は，後発的無効理由に該当するに至ったときから商標権が存在しなかったものとみなされます。

7 不服申立て

審決に対して不服がある者は，東京高等裁判所に対し審決取消訴訟を提起することができます（商標法67条）。登録異議申立てとは異なり，特許が維持された場合も審決取消訴訟を提起することができます。

第9章 商標法（国内出願）

Answer　×（5年の除斥期間が適用されるのは所定の無効理由のみです。）

9-26 不使用取消審判

　商標権者または使用権者が，継続して３年以上日本国内において登録商標を指定商品・役務に使用していない場合，その登録商標について何人も不使用取消審判を請求することができます（商標法50条）。複数の指定商品・役務がある場合，一部の指定商品・役務について請求することができます。

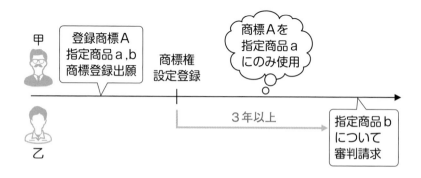

1 趣旨

　商標法上の保護は，商標の使用によって蓄積された信用に対して与えられるのが本来的な姿であり，長期間登録商標の使用をしない場合には保護すべき信用が発生しないか，あるいは発生した信用も消滅してその保護の対象がなくなると考えられます。また，その存在により権利者以外の商標使用希望者の商標の選択の余地を狭めることとなります。そこで，商標法50条は継続して３年以上不使用の登録商標がある場合，審判請求を待って商標登録を取り消すこととしています。

2 要件

(1) 継続して３年以上不使用であること

　断続的な不使用期間を合算することはできません。また，不使用取消審判請

まとめcheck　不使用取消審判を請求することができるのは，商標権者等が全ての指定商品または指定役務について登録商標を日本国内で使用していない場合に限られる。○か×か。

求時に商標を使用していればそれ以前に継続して3年以上の不使用の事実が
あっても審判請求は認められません。

⑵ 日本国内において不使用であること

外国でのみ使用していても使用とは認められません。

⑶ 商標権者，専用使用権者または通常使用権者のいずれも不使用であること

使用権者による使用も商標の使用と認められます。ここでいう通常使用権者
には団体商標・地域団体商標の団体構成員も含まれます。

⑷ 各指定商品・役務について登録商標の使用をしていないこと

使用している商標が登録商標と完全に同一でなくても，登録商標と社会通念
上同一と認められる商標であれば，登録商標の使用と認められます（商標法38
条4項かっこ書）。

3 立証責任

審判請求人が不使用の事実を立証することは不可能であるため，商標権者が，
不使用取消審判が請求された指定商品・役務のいずれかについての使用の事実，
または，不使用に正当な理由（天災地変等）があることを立証しない限り，商
標登録を取り消すこととしています。

4 取消審決確定の効果

商標登録を取り消すべき旨の審決が確定すると，商標権は，審判の請求の登
録の日に消滅したものとみなされます（商標法54条2項）。

Answer　×（一部の指定商品・役務について不使用の場合も請求できます。）

9-27 不正使用取消審判

1 不正使用取消審判が認められる３つの場合

　商標権者等が商標を不正に使用した場合，何人もその商標登録の取消を求める審判を請求することができます。以下の３つの不正使用について，それぞれ不正使用取消審判が設けられています。

> (1)　商標権者による不正使用（商標法51条）
> (2)　商標権の分割移転後の不正使用（商標法52条の２）
> (3)　使用権者による不正使用（商標法53条）

(1)　商標権者による不正使用（商標法51条）

　商標権者が故意に禁止権の範囲（類似の範囲）で誤認・混同を生ずる商標の使用をしたときは，何人も商標登録を取り消す審判を請求することができます。商標の不当な使用によって一般公衆の利益が害されるような事態を防止し，かつ，そのような場合に当該商標権者に制裁を課す規定です。

> 禁止権の範囲での不正使用
> 　専用権の範囲（同一の範囲）で商標を使用して誤認・混同が生じる場合，その商標登録は商標法４条１項各号の無効理由を有する可能性があります。その場合，商標登録無効審判を請求することができますが，不正使用取消審判を請求することはできません。不正使用取消審判の対象となるのは，あくまで禁止権の範囲での不正使用です。

	同一商品・役務	類似商品・役務	非類似商品・役務
同一商標	**専用権**	禁止権	権利なし
類似商標	禁止権	禁止権	権利なし
非類似商標	権利なし	権利なし	権利なし

まとめcheck　商標権者が，登録商標に類似する商標を指定商品に使用した結果，需要者の間で出所の混同が生じた場合，何人も不正使用取消審判を請求できる。○か×か。

(2) 商標権の分割移転後の不正使用（商標法52条の2）

　複数の商品・役務を指定する商標権が指定商品・役務ごとに分割して移転された結果，類似関係にある商品・役務を指定する商標権が異なる商標権者に属することとなり，一の商標権者が，専用権の範囲において，不正競争の目的で他の商標権者等と混同を生ずる使用をした場合，何人も商標登録を取り消す審判を請求することができます。

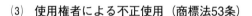

甲

登録商標A
指定商品a，b
（aとbは類似）

商品bの商標権
のみ移転

乙

不正使用

(3) 使用権者による不正使用（商標法53条）

　商標権者から使用許諾を受けた専用使用権者または通常使用権者が，専用権または禁止権の範囲で商標を不当に使用して需要者に誤認・混同を生じさせた場合，何人も当該商標登録の取消しを求める審判を請求できます。

② 再登録の禁止

　不正使用取消審判によって商標登録が取り消された後，すぐに再登録ができることとすると，商標を取り消した意義が失われるため，5年の再登録禁止の期間が設けられています（商標法52条，53条2項）。

③ 取消審決確定の効果

　不正使用によって商標登録を取り消すべき旨の審決が確定したときは，商標権は，その後消滅します。過去に遡って消滅するのではないため，商標登録が取り消されたとしても，過去に商標権の侵害があれば，その侵害により生じた損害の賠償を求めることができる可能性があります。

Answer　　○（商標法51条の不正使用取消審判を請求することができます。）

9-28 商標法53条の2の取消審判

　他の同盟国等において商標権が発生している商標と同一または類似の商標について、その外国権利者の代理人等が、正当な理由なく、無断で、我が国において登録を受けた場合、その外国権利者は、商標登録を取り消す審判を請求することができます（商標法53条の2）。パリ条約の規定に基づき、他の同盟国で商標権を有する者の保護を強化することを目的とする審判です。

1 請求人適格

　代理人等により無断で登録された外国商標の商標権者でなければ請求することができません。

2 要件

　以下の要件を満たす場合に、商標登録の取消しが認められます。

- ① 登録商標がパリ条約の同盟国、世界貿易機関の加盟国もしくは商標法条約の締約国において商標に関する権利を有する者の商標と同一・類似の範囲にある商標であること
- ② 正当な理由がないのに外国権利者の承諾なく商標登録を受けていること
- ③ 外国権利者の代理人もしくは代表者または当該商標登録出願の日前1年以内に代理人もしくは代表者であった者によって出願されたこと

まとめcheck 商標法53条の2の審判において、商標登録を取り消すべき旨の審決が確定した場合、商標権は初めから存在しなかったものとみなされる。○か×か。

3 効果

商標登録を取り消すべき旨の審決が確定したときは，商標権は，その後消滅します（商標法54条1項）。

審判請求　　審理　　取消審決　　審決確定

商標権あり　　　　　　　商標権なし

4 請求期限

商標権の設定登録の日から5年以内でなければ，本審判を請求することはできません（商標法53条の3）。登録商標が使用されると，それに基づいて新たな信用が築かれるため，いつまでも取消可能であるとすれば，この新たな信用を著しく不安定なものとすることになるためです。

取消審判のまとめ

	50条	51条	52条の2	53条	53条の2
取消理由	継続して3年以上不使用	商標権者による不正使用	分割移転後の不正使用	使用権者による不正使用	代理人等による無断登録
請求主体	何人も可	何人も可	何人も可	何人も可	外国の権利者
請求期限	なし	不正使用から5年	不正使用から5年	不正使用から5年	登録から5年
取消しの効果	一部遡及	その後消滅	その後消滅	その後消滅	その後消滅
再登録の禁止	なし	あり	あり	あり	なし

第9章

商標法（国内出願）

Answer　×（商標権はその後消滅し，消滅前には存在していたものとされます。）

9-29 防護標章登録

防護標章登録は，周知になった登録商標の禁止権の範囲を非類似の商品・役務にまで拡大するものです（商標法64条）。防護標章登録を求める商標権者は，防護標章登録出願を行わなければなりません。なお「防護**商標**」ではなく「防護**標章**」としているのは，防護標章は使用するものではなく，「商標」の定義を満たさないためです。

1 趣旨

商品または役務の類似という概念は画一的なものであるのに対して，商品または役務の出所の混同を生ずる商品または役務の範囲は，それに使用をされている商標の著名度などにより変動する流動的な概念ということができます。

したがって，商品の類似範囲を超えて商品または役務の出所の混同を生ずる範囲が拡がった場合には，もはや商標権の効力は及ばず，問題となります。

そこで，このような場合の対応手段として防護標章制度を設けています。

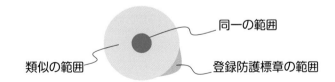

2 要件

防護標章登録を受けるためには以下の要件を満たす必要があります。

① 防護標章登録を受ける者が商標権者であること
② 登録商標が自己の業務に係る指定商品・役務を表示するものとして需要者の間に広く認識されていること
③ 非類似商品・役務について他人が登録商標の使用をすることにより自己の業務に係る指定商品・役務と混同を生ずるおそれがあること

まとめcheck 防護標章登録を受けられるのは商標権者に限られる。○か×か。

④ 登録商標と同一の標章であること
⑤ 商標登録の指定商品・役務と非類似の商品・役務であること

3 防護標章の審査

　防護標章登録出願を行うと，上記要件等についての審査が行われます。通常の商標登録出願において審査の対象となる商標法3条，4条の要件は適用されません。防護標章登録出願についての審査の結果，登録を受けるべき旨の査定または審決が下りた場合，査定または審決の謄本の送達から30日以内に登録料を納付することで「防護標章登録に基づく権利」が設定登録されます。

4 防護標章登録に基づく権利の存続期間

　防護標章登録に基づく権利の設定の登録の日から10年です。存続期間は，更新登録の出願により更新することができます。通常の商標権の更新とは異なり，防護標章登録の要件について，毎回審査を受けます。

5 権利の付随性

　防護標章登録に基づく権利は，その商標権を分割したときは消滅し，その商標権を移転したときは，その商標権に従って移転し，その商標権が消滅したときは，消滅します。防護標章制度は登録商標の保護を目的としているため，商標権から独立して存続することはありません。

6 防護標章登録に基づく権利の効力

　商標権者に無断で登録防護標章と同一の範囲で商標を使用すると，商標権または専用使用権を侵害するものとみなされます（商標法67条）。
　また，商標法4条1項12号により，他の者は，登録防護標章と同一の商標であって，その指定商品または指定役務について使用をするものについて商標登録を受けることはできません。

Answer ○（商標権者でなければ防護標章登録を受けることはできません。）

第**10**章

マドリッド
協定議定書

10-1 | マドリッド協定議定書の概要

　マドリッド協定議定書（マドリッドプロトコル，マドプロ）は，標章の国際
登録について規定する条約です。マドリッド協定議定書においては，**商品商標**
と**役務商標**を合わせて「標章」と呼びます。各国での標章の保護を希望する者
は，マドリッド協定議定書に基づく国際出願を行い，国際登録を受けることで，
各国で商標登録出願を行ったのと同等の効果を得ることができます。

1 特許協力条約（PCT）との比較

　マドリッド協定議定書は特許協力条約の商標版のような条約ですが，以下に
例示するように，特許協力条約とは異なる点があります。

> - 国際出願を行うには基礎となる本国出願または本国登録が必要である。
> - 「みなし全指定」ではなく，保護を希望する国を指定する必要がある。
> - 国際登録の後に保護を受ける国を追加することができる（事後指定）。
> - 国際調査，国際予備審査がない。
> - 国際登録がなされ，商標権者は各国の登録料などを一括して管理できる。

　マドリッド協定議定書の学習においては，このような特許協力条約との相違
点を意識することで，効率的に学習を進めることができます。

2 国内法における対応

　マドリッド協定議定書に対応して，我が国では，商標法68条の2から68条の
39に「マドリッド協定の議定書に基づく特例」を設けています。この特例の中
で，①我が国から国際出願を行う場合と，②国際出願で我が国が指定された場

合の取扱いの両方について規定しています。

いずれも商標法で規定

　この点においても特許協力条約とは異なります。特許法では我が国に移行する国際出願の特例のみを規定し，我が国から出願するPCTの国際出願については「特許協力条約に基づく国際出願等に関する法律」を設けています。

3 国際出願の流れ

　国際出願の手続は以下の①〜⑥の順に進みます。

　上記「⑤通報」を受けた指定官庁は，その標章について保護を与えるか否かの審査を行い，保護を与えない場合，国際事務局を通じて出願人に拒絶の通報を行うことができます。したがって，国際登録されたとしても，必ずしも指定国において保護されるわけではありません。

4 国際登録の管理

　国際登録の存続期間は10年です。国際登録の名義人は，国際事務局に所定の手数料を納付することで，存続期間を更新することができます。

第10章　マドリッド協定議定書

Answer　　×（マドリッド協定議定書には国際調査の制度がありません。）

10-2 | 国際出願と国際登録

1 国際出願

　国際出願は，基礎出願を受理しまたは基礎登録をした官庁（本国官庁）を通じて国際事務局に対して行います（議定書2条(2)）。国際出願の出願人は，基礎出願・登録と同一の標章について，基礎出願・登録において指定した商品・サービス（役務）の範囲で，商品・サービスを指定します。優先期間内であれば本国出願に基づく優先権を主張することもできます。

2 領域指定

　出願人は，国際出願において商標の保護を受ける締約国を指定する必要があります。本国官庁のある締約国を指定することはできません。この点も特許協力条約と異なります。

3 本国官庁の手続

　本国官庁は，国際出願の記載事項が基礎出願または基礎登録と一致していることを証明します。具体的には，①標章の同一性，②指定商品またはサービスの同一性，③出願人の同一性を証明します。このため，国際出願は，本国官庁に提出しなければならず，国際事務局に直接提出することはできません。

4 国際登録

　国際事務局は，実体審査を行わず，方式のみを審査し，不備がなければ，直ちに国際登録を行います（議定書3条(4)）。また，国際事務局は領域指定された締約国の官庁にその旨を通報します。国際登録簿に登録された商標は，国際事務局が定期的に発行する公報に掲載されます。

まとめcheck　指定官庁は，国際登録がされた標章について，必ず保護しなければならない。○か×か。

5 指定官庁の手続

国際事務局から指定の通報を受けた指定官庁は，所定の期間内に，その標章を保護することができない旨の拒絶の通報をすることができます（議定書5条(1)）。指定官庁が拒絶の通報をしなかった場合，国際登録の日または領域指定の記録の日から，締約国の官庁による登録を受けていた場合と同一の保護が与えられます（議定書4条(1)）。

6 事後指定

保護を求める締約国の領域指定は，国際登録後も行うことができます。国際登録後の領域指定は事後指定と呼ばれています。事後指定を行った場合，その指定が国際登録簿に記録された日から効力を生じ，その指定に係る国際登録の存続期間の満了によりその効力を失います。例えば，国際登録から5年後に事後指定を行った場合でも，事後指定から10年ではなく，国際登録から10年で存続期間が満了となります。

7 セントラルアタック

国際登録の日から5年の期間が満了する前に，基礎出願・登録が，取下げ，放棄，拒絶，取消し，無効等とされた場合には，各指定国での標章の保護を求めることができなくなります（議定書6条(3)）。これをセントラルアタックと呼びます。マドリッド協定議定書の国際出願を行う際にはセントラルアタックに注意する必要があります。

第10章 マドリッド協定議定書

Answer ✕ （指定官庁は拒絶の通報をする権利を有します。）

第11章

商標法（国際出願）

11-1 国際登録出願と国際商標登録出願

1 国際登録出願とは

国際登録出願とは，以下の出願または登録を基礎として，我が国の特許庁長官に行うマドリッド協定議定書に基づく国際出願を意味します（商標法68条の2）。

> ① 自己の商標登録出願または防護標章登録出願
> ② 自己の商標登録または防護標章登録

国際登録出願を行うと日本国特許庁が「本国官庁」になります。

| 出願人 | 日本国特許庁 | 国際事務局 |

国際登録出願 → 送付 →

日本での出願
・登録を保有

2 出願人適格

以下の者が日本国特許庁に国際登録出願を行うことができます。

> ① 日本国民
> ② 日本国内に住所もしくは居所（法人の場合は営業所）を有する外国人

3 事後指定

国際登録出願の国際登録後の領域指定（事後指定）は，**特許庁長官**を通じて行えます（商標法68条の4）。また，国際登録の名義人が直接国際事務局に行うことも可能です。

> **まとめcheck** 日本国の特許庁に国際登録出願を行った場合，その国際登録の存続期間の更新は特許庁長官に行わなければならない。○か×か。

４ 国際登録の更新申請

国際登録出願による国際登録の存続期間の更新申請は，特許庁長官を通じて行えます（商標法68条の５）。また，国際登録の名義人が直接国際事務局に行うことも可能です。

５ 国際商標登録出願とは

マドリッド協定議定書に基づく国際出願における我が国の領域指定は，国際登録の日にされた商標登録出願とみなされます（商標法68条の９）。

この商標登録出願のことを「国際**商標**登録出願」と呼びます。上記「国際登録出願」と似ていますが，意味は全く異なります。

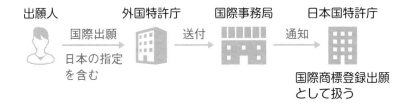

事後指定の場合

日本国を指定する領域指定が事後指定による場合は，事後指定の日が国際商標登録出願の出願日になります。

６ 国際商標登録出願の審査

国際商標登録出願は，通常の商標登録出願と同様に審査が行われ，拒絶理由が発見された場合，特許庁は国際事務局に拒絶の通報を行います。

第11章

商標法（国際出願）

Answer　×（更新の申請は国際事務局に直接行うこともできます。）

11-2 国際商標登録出願の特例

国際商標登録出願は，原則，通常の商標登録出願と同様に取り扱われますが，マドリッド協定議定書との関係で通常の商標登録出願と同様に取り扱うことができない規定について特例を設けています。

1 出願の分割・変更

国際商標登録出願においては，出願の分割（商標法10条），および，出願の変更（商標法11条，65条）は適用されず，出願の分割・変更を行うことはできません（商標法68条の12，13）。

2 パリ条約の優先権主張の手続

国際商標登録出願がパリ条約の優先権主張を伴う場合，**マドリッド協定議定書に従った手続**を行えば足り，通常の商標登録出願と同様の手続は必要ありません（商標法68条の15）。

3 出願により生じた権利の承継

通常の商標登録出願の場合，出願により生じた権利を他の者に承継するためには，**特許庁長官**に届け出なければなりません。これに対し，国際商標登録出願は，国際登録簿によって管理されるため，**移転の手続は国際事務局に行います**（商標法68条の16）。

4 国際登録の名義人の変更

指定商品・役務の全部または一部について，**国際登録の名義人の変更**があった場合，国際商標登録出願は，変更後の名義人の商標登録出願になったものとみなされます（商標法68条の17）。上述の通り，原則として国際商標登録出願の分割はできませんが，出願人の名義の変更による分割移転は可能となっています。

まとめcheck 　国際商標登録出願を防護標章登録出願に変更することはできない。○か×か。

甲
国際商標登録出願X

国際登録
指定商品A
指定商品B

Bのみ移転 →

乙
国際商標登録出願Y
（指定商品B）

5 補正後の新出願

　通常の商標登録出願において補正が要旨変更であるとして却下された場合，補正後の新出願を行うことで，当該出願は手続補正書提出時に行われたものとみなされます（商標法17条の2で準用する意匠法17条の3）。

　しかし，国際商標登録出願について行われた補正が却下された場合，補正後の新出願は認められません（商標法68条の18）。

6 登録料の納付

　通常の商標登録出願の場合，商標権の設定の登録は，商標登録をすべき旨の査定もしくは審決の謄本の送達があつた日から30日以内に納付すべき登録料の納付があったときに行われます（商標法18条2項）。

　一方，国際商標登録出願の場合，出願人は国際登録を受ける前に個別手数料を国際事務局に納付し（商標法68条の30），特許庁は商標登録をすべき旨の査定または審決があったときに，商標権を設定登録します（商標法68条の19）。

第11章

商標法（国際出願）

Answer　　○（国際商標登録出願においては出願の変更は認められません。）

第12章

不正競争防止法

12-1 不正競争防止法の概要

不正競争防止法は，所定の手続を行った者に権利を付与して保護するのではなく，所定の行為を不正競争と定め，不正な競争から事業者を保護します。

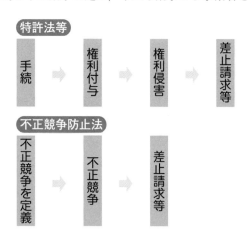

不正競争防止法2条1項各号に不正競争に当たる行為が規定されています。学習の際には，2条1項各号の不正競争を理解することから始めましょう。

1 不正競争防止法の目的

不正競争防止法は，不正競争を防止することにより，国民経済の健全な発展に寄与することを目的としています（不正競争防止法1条）。

2 不正競争の類型

(1) 周知表示混同惹起行為（不正競争防止法2条1項1号）

他人の周知な商標等の商品等表示と同一または類似の商品等表示を使用すること等により，自己の商品・営業を他人の商品・営業と混同させる行為を不正競争としています。

まとめcheck 不正競争防止法は産業の発達に寄与することを目的としている。○か×か。

(2)　著名表示冒用行為（不正競争防止法２条１項２号）

他人の著名な商品等表示の冒用行為を不正競争としています。

(3)　商品形態模倣行為（不正競争防止法２条１項３号）

他人の商品の形態を模倣した商品の譲渡等の行為を不正競争としています。

(4)　営業秘密に係る不正行為（不正競争防止法２条１項４号〜10号）

営業秘密に係る不正行為を不正競争としています。

(5)　限定提供データに係る不正行為（不正競争防止法２条１項11号〜16号）

ID，パスワード等により管理しながら相手を限定して提供するデータを，不正に取得，使用，提供する行為を不正競争としています。

(6)　技術的制限手段に関する不正行為（不正競争防止法２条１項17号，18号）

コンテンツの提供に際して無断コピーや無断アクセスを防ぐために用いられている技術的制限手段に関する不正行為を不正競争としています。

(7)　ドメイン名に係る不正行為（不正競争防止法２条１項19号）

不正の利益を得る目的または他人に損害を加える目的で，他人の特定商品等表示と同一，または類似のドメイン名を使用する権利を取得する等の行為を不正競争としています。

(8)　誤認惹起行為（不正競争防止法２条１項20号）

商品・役務の原産地等について誤認を生じさせるような表示を行う行為等を不正競争としています。

(9)　信用毀損行為（不正競争防止法２条１項21号）

競争関係にある他人の営業上の信用を害する虚偽の事実を告知し，または流布する行為を不正競争としています。

(10)　代理人等の商標冒用行為（不正競争防止法２条１項22号）

外国において商標に関する権利を有する者の代理人または代表者による商標冒用行為を不正競争としています。

Answer　×（国民経済の健全な発展に寄与することを目的としています。）

12-2 商品等表示に関する不正競争

1 不正競争防止法2条1項1号

不正競争防止法2条1項1号は，他人の周知な商品等表示と同一または類似の<u>商品等表示</u>を使用すること等により，自己の商品・営業を他人の商品・営業と混同させる行為を不正競争としています。商標法とは異なり，商品等表示について登録を受ける必要はありません。不正競争に該当する場合，**不正競争の停止**，不正競争により生じた**損害の賠償を請求**することができます。

(1) 趣旨

他人の商品等表示として需要者間に広く知られているものと同一または類似の表示を使用して，その商品または営業の出所について混同を生じさせる行為を規制することにより，周知な商品等表示に化体された営業上の信用を保護し，もって事業者間の公正な競争を確保することを目的としています。

(2) 商品等表示

商品等表示とは，人の業務に係る氏名，商号，商標，標章，商品の容器もしくは包装その他の商品または営業を表示するものを意味します。ここに挙げられている氏名，商号等は例示であり，「商品または営業を表示するもの」であれば「商品等表示」に該当します。「商品または営業を表示するもの」であるためには，自他識別機能を有していることが必要です。

まとめcheck 需要者の間に広く知られている商標を無断で使用する行為は，その商標が商標登録を受けていなければ，不正競争になることはない。○か×か。

⑶ 需要者の間に広く認識されている

　未登録の標章などの商品等表示を保護する際には，保護に値する一定の事実状態を形成していることを要求するのが適切であると考えられるため，周知性要件が設けられています。認識されている程度は，全国的に認識されていなくても，一地方において保護すべき事実状態が形成されていればよいと解されています。

2 不正競争防止法2条1項2号

　自己の商品等表示として他人の著名な商品等表示と同一もしくは類似のものを使用等する行為が不正競争となります。1号と似ていますが，混同の要件がなく，全国的に知られている（著名な）商品等表示でなければ，不正競争に該当しません。

趣旨

　商品等表示が全国的に知られると，それが持つ独自のブランド・イメージが顧客吸引力を有し，個別の商品や営業を超えた独自の財産的価値を有します。2号はこのような著名ブランドの財産的価値を保護する規定です。

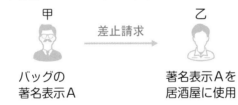

甲　　　　　　　　　　　　乙
差止請求

バッグの　　　　　　　　　著名表示Aを
著名表示A　　　　　　　　居酒屋に使用

3 不正競争防止法と商標法の関係

　商標法は登録を受けた商標のみを保護するのに対し，不正競争防止法は，周知性または著名性を獲得した商品等表示であれば，登録を受けていなくても保護することとしています。

　また，不正競争防止法は，商標法に規定する商標の定義を満たさないものであっても「商品または営業を表示するもの」であれば，保護することとしています。

Answer　　× （商標登録を受けていることは不正競争の要件ではありません。）

第12章

不正競争防止法

12-3　商品形態模倣行為

不正競争防止法2条1項3号は，他人の商品の形態を模倣した商品を譲渡，輸出，輸入等する行為を不正競争としています。意匠法による意匠の保護に似ていますが，意匠登録出願のような手続は必要ありません。

1 趣旨

商品ライフサイクルの短縮化，流通機構の発達，複写・複製技術の発展を背景として，他人が資金・労力を投下した商品の模倣が極めて容易に行い得る状況が生じています。このような模倣品を放置すると，模倣者は商品化のためのコストやリスクを大幅に軽減することができる一方で，先行者の市場先行のメリットは著しく減少し，模倣者と先行者との間に競争上著しい不公正が生じます。また，個性的な商品開発，市場開拓への意欲が阻害されることになり，公正な競業秩序を崩壊させることにもなりかねません。

このような観点から，平成5年改正時に本号の規定が設けられました。

甲　製品Aを開発　製品Aの模倣品の販売　乙

2 要件

以下の要件を満たす場合，本号の不正競争に該当します。

① 他人の商品の形態を模倣した商品であること
② 当該形態が当該商品の機能を確保するために不可欠な形態でないこと
③ 模倣した商品を譲渡，貸し渡し，輸出，輸入等していること

まとめcheck　他人の商品の形態を模倣した商品を輸入する行為は不正競争に当たる場合がある。〇か×か。

3 商品の形態

商品の形態と言えるためには以下の要件を満たす必要があります。

① 需要者が通常の用法に従った使用に際して知覚によって認識できるものであること
「知覚」とは，視覚および触覚を意味します。香りは含まれません。
② 商品の外部および内部の形状ならびに形状に結合した模様，色彩，光沢および質感であること
商品の内部の形状も含まれます。例）冷蔵庫の内部，カバンの内部

4 模倣

模倣と言うためには以下の要件を満たす必要があります。

① 他人の商品の形態に依拠していること
独自に創作した場合には，実質的に同一でも「模倣」にはなりません。
② 実質的に同一の形態の商品を作り出していること
類似の範囲まで効力が及ぶ意匠権とは異なります。

5 機能を確保するために不可欠な形態

機能を確保するために不可欠な形態は「商品の形態」から除外されています。このような形態は，その形態をとらない限り，商品として成立しないため，特定の者の独占的利用に適さないからです。

例）① PCとプリンターの接続用コードのプラグ
② 側面と底面を有するコップ

第12章 不正競争防止法

6 模倣品の製造

模倣品の製造については，不正競争とされておらず，模倣品を譲渡等することによって，はじめて不正競争が成立します。これは商品の開発等を過度に制限しないようにするためです。

Answer ○（不正競争防止法2条1項3号に該当する可能性があります。）

12-4 営業秘密に関する不正競争の概要

不正競争防止法2条1項4号〜10号は，営業秘密に関する不正競争を定義しています。営業秘密を**不正に取得**し，または，営業秘密を**不正に使用・開示**する行為が不正競争に該当します。

会社A　　開示　　A従業員　　不正開示　　会社B

1 趣旨

昭和50年代後半以降の特に急速な技術革新の進展や経済社会の情報化などを背景として，製造ノウハウなどの技術情報の重要性が高まる一方，企業間の取引が増大し，営業秘密を他社に不正に取得，使用，開示されてしまうことが深刻な問題として認識されるようになりました。

そこで，平成2年改正により営業秘密に係る不正行為が規定されました。

2 営業秘密の要件

営業秘密と認められるためには以下の要件を満たす必要があります。

① 秘密として管理されていること（秘密管理性）
② 事業活動に有用な技術上または営業上の情報であること（有用性）
③ 公然と知られていないこと（非公知性）

3 秘密管理性

営業秘密の保有者は，当該情報を秘密であると単に主観的に認識しているだけでなく，適切な措置によって秘密であることが従業員等に対して明確に示さ

まとめcheck　顧客名簿が不正競争防止法上の営業秘密に該当することはない。○か×か。

れている必要があります。

　例えば，以下のような措置が考えられます。

---
① 　紙媒体で保管する場合，「マル秘」等の秘密表示を行い，他の情報と区別して管理する。
② 　電子情報として保管する場合，目に付く場所に秘密表示を行い，格納場所へのアクセス制限を行う。
---

4 有用性

　営業秘密として認められるためには，**事業活動にとって客観的に有用**であることが必要です。事業活動にとって有用なものとしては，例えば，製品の設計図・製法，顧客名簿，販売マニュアル，仕入先リスト等があります。

　一方，企業の脱税，有害物質の垂れ流し，禁制品の製造，内外の公務員に対する賄賂の提供等といった反社会的な行為に係る情報は，事業者によって秘密に管理されることがありますが，事業活動に有用な情報とはいえません。

5 非公知性

　「非公知性」が認められるためには，公然と知られておらず，または容易に知ることができないことが必要です。「公然と知られていない」状態とは，具体的には，当該情報が合理的な努力の範囲内で入手可能な刊行物に記載されていない等，**保有者の管理下以外では一般的に入手することができない状態**を意味します。

Answer 　×（顧客名簿も営業秘密の要件を満たす可能性があります。）

12-5 不正取得類型

　営業秘密に係る不正競争（不正競争防止法2条1項4号～10号）は以下の3つの類型に分類されます。

① 不正取得類型
　　保有者から不正に取得し，その後の流通過程で起こるもの（4号～6号）
② 信義則違反類型
　　保有者から正当に示された営業秘密を不正に使用・開示し，その後の流通過程で起こるもの（7号～9号）
③ 営業秘密侵害品譲渡等類型
　　上記①，②の不正使用により生じた物が流通する過程で起こるもの（10号）

　ここでは，上記①不正取得類型について見ていきましょう。

1 不正競争防止法2条1項4号

以下の行為が不正競争とされます。

（i）不正の手段により営業秘密を取得する行為（営業秘密不正取得行為）
（ii）営業秘密不正取得行為により取得した営業秘密を使用・開示する行為

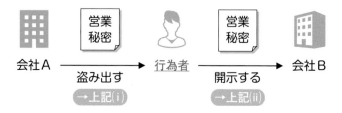

2 不正競争防止法2条1項5号

本号は，2条1項4号の営業秘密不正取得行為が介在したことについて，悪意または重過失により営業秘密を取得し，使用・開示する行為を不正競争としています。

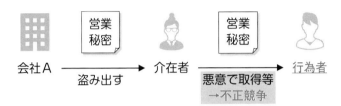

悪意または重過失

悪意とは，単に**知っていること**を意味します。悪い意図があることを要件とするものではありません。重過失とは，悪意と同視しうるほどの**著しい注意義務違反**があることを意味します。

3 不正競争防止法2条1項6号

本号は，2条1項4号の営業秘密不正取得行為の介在について善意・無重過失で営業秘密を取得した第三者が，その後悪意・重過失に転じた場合，当該第三者がその営業秘密を使用または開示する行為を不正競争としています。

Answer　○（営業秘密を不正に取得する行為として4号の不正競争に該当します。）

12-6 営業秘密に係る不正競争の その他の類型

1 不正競争防止法2条1項7号

　営業秘密保有者が従業者，下請企業，ライセンシー（ライセンスを受ける者）等に対して営業秘密を示した場合に，その従業者等が不正の利益を得る目的または営業秘密保有者に損害を加える目的で，その営業秘密を使用または開示する行為を不正競争としています。

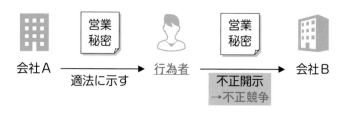

2 不正競争防止法2条1項8号

　営業秘密を取得する際に，不正開示行為によるものであること，もしくは，そのような営業秘密不正開示行為が介在したことについて悪意・重過失で営業秘密を取得する行為，またはその取得した営業秘密を使用または開示する行為を不正競争としています。

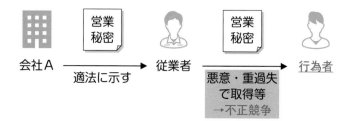

まとめcheck　会社から営業秘密を示された従業者が，その営業秘密を金銭と引き換えに他社に開示する行為は不正競争となる。○か×か。

3 不正競争防止法2条1項9号

営業秘密を取得した第三者が，取得後にその取得が営業秘密不正開示行為によるものであったこと，または営業秘密不正開示行為が介在したことについて悪意・重過失で，その営業秘密を使用または開示する行為を不正競争としています。

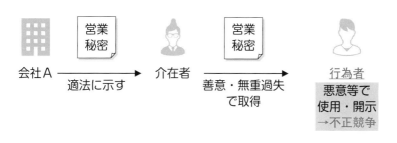

会社A ——適法に示す→ 介在者 ——善意・無重過失で取得→ 行為者　悪意等で使用・開示 →不正競争

4 不正競争防止法2条1項10号

不正に取得した技術上の営業秘密を利用して製造された物品（営業秘密侵害品）を製造した者がその物を譲渡等する行為，または，当該物品を譲り受けた者がその物を譲渡等する行為（譲り受けた時に営業秘密侵害品であることにつき悪意もしくは重過失であった場合に限る）を不正競争としています。

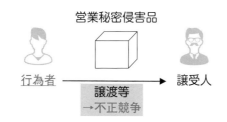

営業秘密侵害品

行為者 ——譲渡等 →不正競争→ 譲受人

Answer　○（不正競争防止法2条1項7号の不正競争に当たります。）

12-7 限定提供データに関する不正競争

限定提供データを不正に取得したり，限定提供データを不正に使用・開示したりする行為を不正競争としています。

1 限定提供データとは

限定提供データとは，業として特定の者に提供する情報として電磁的方法により相当量蓄積され，管理されている技術上または営業上の情報（秘密として管理されているものを除く。）をいいます。

ID，パスワード等により管理しつつ，相手方を限定して提供するデータが想定されており，例えば，自動走行用地図データ，POSシステムで収集した商品ごとの売上データなどが考えられます。

秘密として管理されているものを除くとあるため，限定提供データには，営業秘密は含まれません。

2 趣旨

Connected Industriesを実現するためには，付加価値の源泉となるデータの利活用を活発化することが必要です。

しかし，価値のあるデータであっても，①著作権法の対象とはならず，②他者との共有を前提とし営業秘密にも該当しない場合，その不正流通を差し止めることは困難です。

そこで，平成30年の法改正において，所定の要件を満たしたデータを限定提供データとし，悪質性の高いデータの不正取得・使用等を不正競争防止法に基づく不正競争と位置づけ，救済措置として差止請求権等を認めることとしました。

まとめcheck　営業秘密であっても限定提供データに該当する場合がある。○か×か。

3 不正競争防止法2条1項11号

11号は以下の行為を不正競争としています。

---
① 不正の手段により限定提供データを取得する行為（限定提供データ不正取得行為）
② 限定提供データ不正取得行為により取得した限定提供データを使用，開示する行為

営業秘密に関する4号の不正競争に対応する規定です。

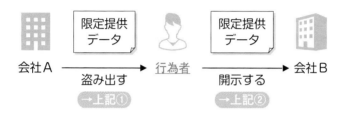

4 不正競争防止法2条1項12号

11号の限定提供データ不正取得行為が介在したことを知って限定提供データを取得する行為，およびその後の使用行為または開示行為を不正競争としています。営業秘密に関する5号の不正競争に対応する規定ですが，重大な過失により知らないで取得した場合は含まれていません。

第12章

不正競争防止法

Answer ✕（限定提供データには秘密として管理されているものが含まれないため，営業秘密が限定提供データに該当することはありません。）

12-8 限定提供データに関する その他の不正競争

1 不正競争防止法2条1項13号

　限定提供データ不正取得行為が介在したことを知らないで限定提供データを取得した者が，限定提供データ不正取得行為が介在したことを知った後に，その限定提供データを悪意で開示する行為を不正競争としています。本号には限定提供データを「使用」する行為は含まれていません。

2 不正競争防止法2条1項14号

　限定提供データ保有者が従業者等に対して限定提供データを示した場合に，従業者等が不正の利益を得る目的または限定提供データ保有者に損害を加える目的で，限定提供データを使用・開示する行為を不正競争としています。

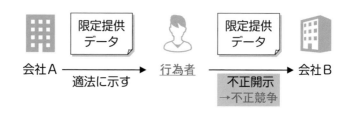

営業秘密に関する7号の不正競争に対応しますが，「使用」については，限

<hr/>

まとめcheck　限定提供データの保有者から限定提供データを適法に示された者による行為でも不正競争に該当する場合がある。○か×か。

定提供データの管理に係る任務に違反して行うものに限られる点で，7号とは異なります。

3 不正競争防止法2条1項15号

限定提供データを取得する際に限定提供データ不正開示行為によるものであること，もしくは限定提供データ不正開示行為が介在したことを知って限定提供データを取得する行為，またはその取得した限定提供データを使用・開示する行為を不正競争としています。営業秘密に関する8号に類似しますが，不正開示行為を重大な過失により知らないで取得等する行為は対象外です。

4 不正競争防止法2条1項16号

限定提供データを取得した者が，取得後にその取得が限定提供データ不正開示行為によるものであったこと，または限定提供データ不正開示行為が介在したことを知って，限定提供データを開示する行為を不正競争としています。営業秘密に関する9号に対応しますが，不正開示行為について重大な過失により知らない場合は含まれず，「使用」も対象ではありません。

第12章 不正競争防止法

Answer ○（不正競争防止法2条1項14号に該当する場合があります。）

12-9 技術的制限手段に係る不正競争

不正競争防止法2条1項17号，18号は，コンテンツの提供に際して無断コピーや無断アクセスを防ぐために用いられている技術的制限手段に関する不正行為を不正競争としています。

1 趣旨

音楽，映像等のコンテンツ提供事業者は，無断コピーや無断アクセスを防止する技術を用いて，媒体に記録されたコンテンツやネットワーク上で伝送されるコンテンツに，対価が支払われなければコピー，視聴等ができないように，コピー管理技術やアクセス管理技術を施しています。しかし，これら技術的手段の無効化機能を有する装置やプログラムを提供したり，他人のために技術的手段を無効化するサービスが提供されるようになりました。そこで，これらの行為を不正競争として規制するものです。

2 不正競争防止法2条1項17号

2条1項17号は，コンテンツの提供に際してコピープロテクション等の**技術的制限手段の効果を妨げる機能を有する装置等**を譲渡等する行為を不正競争としています。

技術的制限手段の例

2条1項17号の技術的制限手段の例としては，以下のものがあります。

> ① 映画のDVDなどの記録媒体の中に制御用の信号を記録し，これを用いてコンテンツの録画を制限する方式
> ② 所定の視聴等機器以外の機器では解読することができない形でコンテンツを暗号化している方式

まとめcheck DVDのコピープロテクションを解除する装置を提供する行為は不正競争防止法2条1項18号の不正競争となる。○か×か。

3 不正競争防止法2条1項18号

　2条1項18号は，コンテンツ提供事業者が，**契約により特定された者以外の者**によるコンテンツの視聴，記録等を制限するために技術的制限手段を用いている場合に，その技術的制限手段の効果を妨げる機能を有する装置等を譲渡等する行為を不正競争として規制しています。

18号の具体例

　衛星放送またはCATVにおけるペイ・パー・ビュー・サービス（コンテンツ単位で課金して視聴等を可能とするサービス）等，契約者以外の者によっては視聴等できないようにスクランブル信号が施されているものに対して，スクランブル解除装置を販売等する行為が該当します。

4 17号と18号の相違点

　17号が保護するのは何人に対しても制限をかける技術的制限手段であるのに対して，18号が保護するのは特定の者以外の者に対して制限をかける技術的制限手段である点において異なっています。

Answer　×（2条1項17号の不正競争に該当します。）

12-10 その他の不正競争

1 不正競争防止法2条1項19号

　不正の目的で，他人の特定商品等表示（人の業務に係る氏名，商号，商標，標章その他の商品または役務を表示するものをいう。）と**同一もしくは類似のドメイン名**を使用する権利を取得し，もしくは保有し，またはそのドメイン名を使用する行為は不正競争となります。著名な商標などについてドメイン名を取得し，高額で買い取らせるような行為を防止する規定です。

$$\underbrace{\text{https://www.inoue-patent.com}}_{\text{ドメイン名}}$$

特定商品等表示

　不正競争防止法2条1項1号においては「商品等表示」に関する不正競争を規定しています。これに対し，19号においては「特定商品等表示」に関する不正競争を規定しています。「商品等表示」には商品の包装などの文字以外のものが含まれるのに対し，ドメイン名は文字に限られることから，「商品等表示」を文字に限定したものです。

2 不正競争防止法2条1項20号

　商品の原産地および商品・役務の品質等について誤認を生じさせるような表示をする行為等を不正競争としています。

　商標法4条1項16号は「商品の品質又は役務の質の誤認を生ずるおそれがある商標」の登録を禁止していますが，不正競争防止法では，そのような表示の使用を禁止しています。

　例えば，外国産のじゃがいもに「北海道産」と表示する行為が不正競争となります。

まとめcheck　他人の氏名からなるドメイン名を不正の目的で取得する行為は不正競争になる。〇か×か。

3 不正競争防止法2条1項21号

　競争関係にある者が，真実に反する虚偽の事実を告知し，または，流布して，競業者の営業上の信用を害することにより，競争上の優位性を得ようとする行為を不正競争としています。

　「競争関係にある者」が「競業者」の営業の信用を害する行為を不正競争としているため，競争関係にない場合には不正競争には該当しません。

　また，「事実に反する虚偽の事実」の告知等が不正競争とされているため，真実を告知等する行為は不正競争には該当しません。

　例えば，競業他社の製品が特許権を侵害している事実はないのにもかかわらず，特許権を侵害していると顧客に通知する行為は不正競争となります。

4 不正競争防止法2条1項22号

　パリ条約の同盟国，世界貿易機関の加盟国，商標法条約の締約国において商標に関する権利を有する者の代理人または代表者等による商標冒用行為を不正競争として規制しています。

　商標法53条の2の商標登録取消審判は，同盟国等で商標に関する権利を有する者の代理人等が無断で商標登録を受けた場合に，その商標登録を取り消すことができるとしています。

　これに対し，本規定では，代理人等による外国商標の無断使用を不正競争として，制限しています。

外国商標権者　　　代理人
　　　　　　代理契約
登録商標A　　　商標Aを無断で使用→不正競争
　　　　　　　商標Aを無断で登録→取消審判

第12章
不正競争防止法

Answer　　○（不正競争防止法2条1項19号の不正競争になります。）

12-11 差止請求等

1 差止請求

　不正競争によって営業上の利益を侵害され，または侵害されるおそれがある者は，その営業上の利益を侵害する者または侵害するおそれがある者に対し，その侵害の停止または予防を請求することができます（不正競争防止法3条）。

2 損害賠償請求

　故意または過失による不正競争によって営業上の損害が発生した者は，不正競争を行った者に対して，不正競争によって生じた損害の賠償を請求することができます（不正競争防止法4条）。

3 適用除外

　不正競争防止法2条1項各号に規定する不正競争に形式上該当するものであっても，同法19条1項各号に該当する場合には，差止請求，損害賠償請求等の規定が適用されません。これを適用除外と呼んでいます。

4 不正競争防止法19条1項1号

　商品または営業の普通名称，慣用されている商品等表示を普通に用いられる方法で使用し，または表示した商品を譲渡等する行為は**適用除外**となります。

普通名称の例：「弁当」，「酒」，「醤油」，「黒酢」
慣用表示の例：「幕の内」（弁当），渦巻き看板（床屋）

　商標法26条1項2号，3号（商標権の効力が及ばない範囲）と同様の趣旨による規定です。この適用除外の対象となるのは，不正競争防止法2条1項1号，2号，20号，22号の不正競争です。

まとめcheck　他人の著名な商品等表示を無断で使用した場合でも，差止請求又は損害賠償請求の対象とならない場合がある。○か×か。

5 不正競争防止法19条1項2号

自己の氏名を不正の目的なく使用し，または使用した商品を譲渡等する行為は，**適用除外**となります。商標法第26条1項1号（商標権の効力が及ばない範囲）と同様の趣旨による規定です。この適用除外の対象となるのは，2条1項1号，2号，22号の不正競争です。

6 不正競争防止法19条1項4号，5号

2条1項1号，2号の不正競争について，他人の商品等表示が需要者の間に広く認識される前から当該商品等表示を使用していた者およびその承継者が引き続き不正の目的なくその表示を使用等する行為は，**適用除外**となります。商標法32条（先使用権）と同様の趣旨による規定です。

7 不正競争防止法19条1項6号

2条1項3号の不正競争について，日本国内において最初に販売された日から3年を経過した後は**適用除外**としています。また，2条1項3号の不正競争について，善意かつ無重過失で譲り受けた他人の商品形態模倣商品を販売等する行為は，適用除外となります。

8 不正競争防止法19条1項7号～10号

2条1項4号から18号の不正競争について，取引の安全を図る等の目的により**適用除外**が設けられています。

第12章

不正競争防止法

Answer　○（不正競争防止法19条1項1号から4号の適用除外に該当する場合には，差止請求等の対象になりません。）

第13章

著作権法

13-1 著作権法の概要

著作権法は，手続を行った者に権利を付与して保護するのではなく，所定の要件を満たしたときに権利が発生したものとして，著作者などを保護します。あらかじめ手続を行う必要がない点では不正競争防止法と共通しますが，著作権法においては，著作権等の権利を付与する点において不正競争防止法とは異なっています。

1 著作権法の目的

著作権法1条は，法目的を以下のように規定しています。

> （目的）
> 第一条　この法律は，著作物並びに実演，レコード，放送及び有線放送に関し著作者の権利及びこれに隣接する権利を定め，これらの文化的所産の公正な利用に留意しつつ，著作者等の権利の保護を図り，もつて文化の発展に寄与することを目的とする。

特許法等は「**産業の発達**」を目的としているのに対し，著作権法は「**文化の発展**」を目的としている点において異なります。

2 著作権とは

著作権とは，著作者の財産的利益を保護するための権利の<u>総称</u>であり，**著作権**に含まれる権利としては，例えば，複製権，公衆送信権など，さまざまな権利が存在します。特許法においては，実施という言葉にさまざまな意味を持たせて，特許権者は業として特許発明を実施する権利を専有すると規定することで，特許発明を様々な形で利用する行為を特許権者が独占排他的に行うことができるものとしています。これに対して，著作権法においては，**複製，公衆送信**といった各行為に権利が存在します。

まとめcheck　著作者は，自己の著作物について著作権と著作隣接権を有する。○か×か。

実施（特許権）	著作権
生産　譲渡　輸出 輸入　方法の使用	複製（複製権） 公衆送信（公衆送信権） 展示（展示権） 譲渡（譲渡権）

3 著作者人格権とは

　著作者人格権とは，著作者の人格的利益を保護する権利の総称であり，著作者人格権に含まれる権利としては，公表権，氏名表示権，同一性保持権の3つがあります。

4 著作隣接権とは

　著作隣接権とは，歌手，俳優，レコード会社，放送会社など，著作物を公衆に提供する際に重要な役割を持つ者に付与される権利の総称であり，著作隣接権に含まれる権利としては，録音権，放送権などがあります。

> 著作権　　　：著作者の財産的利益の保護
> 著作者人格権：著作者の人格的利益の保護
> 著作隣接権　：著作物を公衆に提供する者の保護

5 著作権法の学習のポイント

　著作権法においては，初めに誰にどのような権利が付与されるのかを学習することがポイントとなります。特許法のような手続はありませんので，手続の流れを最初に学習する必要はありません。

13-2 権利が認められる者と権利の種類

1 権利が認められる者

(1) 著作者

　著作者とは，**著作物**を創作する者を意味します。例えば，作詞家，画家，写真家が該当します。

(2) 実演家

　実演家とは，実演を行う者および実演を指揮し，または演出する者を意味します。例えば，俳優，舞踊家，演奏家が該当します。

　実演家は，その人格的利益を保護する実演家人格権も取得します。

(3) レコード製作者

　レコード製作者とは，レコードに固定されている音を最初に固定した者を意味します。例えば，レコード製作会社が該当します。

(4) 放送事業者

　放送事業者とは，放送を業として行う者を意味します。例えば，テレビ局，ラジオ局が該当します。

(5) 有線放送事業者

　有線放送事業者とは，有線放送を業として行う者を意味します。例えば，ケーブルテレビ局が該当します。

2 著作者の権利

(1) 著作者人格権

　公表権（18条），氏名表示権（19条），同一性保持権（20条）。

まとめcheck 著作権法において，舞台の演出を行う者は著作者であって実演家ではない。○か×か。

(2) 著作権

複製権（21条），上演権および演奏権（22条），上映権（22条の2），公衆送信権等（23条），口述権（24条），展示権（25条），頒布権（26条），譲渡権（26条の2），貸与権（26条の3），翻訳権，翻案権等（27条），二次的著作物の利用に関する原著作者の権利（28条）。

3 実演家の権利

(1) 実演家人格権

氏名表示権（90条の2），同一性保持権（90条の3）。

(2) 著作隣接権

録音権および録画権（91条），放送権および有線放送権（92条），送信可能化権（92条の2），譲渡権（95条の2），貸与権等（95条の3）。

4 レコード製作者の権利（著作隣接権）

複製権（96条），送信可能化権（96条の2），譲渡権（97条の2），貸与権等（97条の3）。

5 放送事業者の権利（著作隣接権）

複製権（98条），再放送権および有線放送権（99条），送信可能化権（99条の2），テレビジョン放送の伝達権（100条）。

6 有線放送事業者の権利（著作隣接権）

複製権（100条の2），放送権および再有線放送権（100条の3），送信可能化権（100条の4），有線テレビジョン放送の伝達権（100条の5）。

Answer ×（著作権法において，舞台の演出を行う者は実演家に当たります。）

13-3 | 著作物

1 著作物とは

著作権法2条において，著作物は，<u>思想又は感情を創作的に表現したもの</u>であって，文芸，学術，美術または音楽の範囲に属するものと定義されています。この定義に当てはまる著作物が創作された時点で著作権が発生し，その著作物が保護されます。

(1) 「思想又は感情」

単なる事実の羅列に過ぎないもの，単なるデータは著作物とは認められません。例えば，「東京スカイツリーの高さ：634m」は著作物ではありません。

(2) 「創作的」

他人の作品の「模倣品」など，創作が加わっていないものが著作物から除かれます。また，誰が表現しても同じようになる「ありふれたもの」も創作性があるとはいえません。

(3) 「表現したもの」

思想・感情を「表現したもの」が保護されるのであって，その背後にある「アイデア」や「理論」は除かれます。例えば，作風や作品のコンセプトなどは，文章などで具体的に表現されない限り，「表現したもの」ということにはなりません。

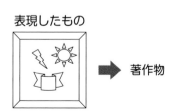

まとめcheck 地図は，地形等の事実を表したものに過ぎないため，著作物に該当することはない。○か×か。

2 二次的著作物

二次的著作物とは，著作物を翻訳し，編曲し，もしくは変形し，または脚色し，映画化し，その他翻案することにより創作した著作物を意味します。例えば，ある外国の小説を日本語に「翻訳」した場合のように，1つの著作物を「原作」とし，新たな創作性を加えて創られたものは，原作となった著作物とは別の著作物（二次的著作物）として保護されます。

3 著作物の例

著作権法10条は著作物の例として以下のものを挙げています。

---

① 小説，脚本，論文，講演その他の言語の著作物
② 音楽の著作物
③ 舞踊又は無言劇の著作物
④ 絵画，版画，彫刻その他の美術の著作物
⑤ 建築の著作物
⑥ 地図又は学術的な性質を有する図面，図表，模型その他の図形の著作物
⑦ 映画の著作物 写真の著作物
⑧ プログラムの著作物

---

4 編集著作物とデータベースの著作物

百科事典のように，複数の著作物を編集したものは，個々の著作物だけでなく，全体についても，編集著作物として保護されます。また，データベースも編集著作物と同様に全体として保護されます。

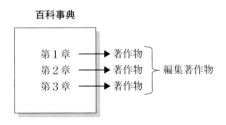

百科事典

第1章 ──→ 著作物 ┐
第2章 ──→ 著作物 ├ 編集著作物
第3章 ──→ 著作物 ┘

Answer │ ×（地図も表現方法に創作性があれば著作物として認められます。）

13-4 著作者人格権

著作物を創作した者（著作者）には，その著作物について，人格的利益を保護する著作者人格権が認められます。著作者人格権としては，公表権，氏名表示権，同一性保持権があります。

1 公表権

著作者は，公表権により以下を決定する権利を有します（著作権法18条）。

① 未公表著作物を公表するかどうか
② 未公表著作物をどのような形で公表するか
③ 未公表著作物をいつ公表するか

例えば，音楽家が創作した楽曲を，その音楽家が決めた公表時期よりも早く公表する行為は公表権を侵害します。

2 氏名表示権

著作者は，その著作物の原作品に，またはその著作物の公衆への提供もしくは提示に際し，その実名（本名）もしくは変名（ペンネーム等）を著作者名として表示し，または著作者名を表示しないことを決める権利を有します（著作権法19条）。

著作者名表示の省略

以下の要件を満たす場合，著作物の利用者は著作者名表示を省略できます。

① 著作者が創作者であることを主張する利益を害するおそれがないこと
② 公正な慣行に反しないこと

例１：喫茶店やホテルのロビーでBGMを流す場合
例２：プログラムの著作物を工業製品の一部に組み込む場合

まとめcheck　著作者は著作物に著作者名を表示しない権利を有する。○か×か。

3 同一性保持権

　著作者は，その著作物およびその題号の同一性を保持する権利を有し，その意に反してこれらの変更，切除その他の改変を受けません（著作権法20条）。

　例えば，小説の一部を無断で切除する行為は，同一性保持権を侵害します。

4 同一性保持権の例外

　著作物の利用者は，以下の場合には著作物の改変が認められます。

---
① 教育目的の利用の場合
　例）小説を教科書に掲載するさいに，難しい漢字をひらがなに変更すること
② 建築物の増築，改築，修繕または模様替え
　例）老朽化した建築物を修繕する目的で改変すること
③ プログラム著作物の実行上の改変
　例）コンピュータプログラムのバグの修正
④ その他，やむをえないと認められる改変
　例）演奏技術の未熟により，楽曲の通りに演奏できない場合

---

5 一身専属性

　著作者人格権は，**著作者**が著作物に関連して精神的に傷つけられること等を防ぐための権利ですので，移転することは認められません（著作権法59条）。したがって，著作者人格権は，著作者の死亡により消滅します。ただし，著作者の死後も著作者人格権を侵害するような行為は禁じられています（著作権法60条）。

6 侵害に対する救済

　著作者人格権の侵害に対しては，差止請求権（著作権法112条），損害賠償請求権（民法709条），名誉回復措置請求権（著作権法115条）が認められます。著作者の死後は遺族による権利行使が認められます（著作権法116条）。

Answer　　○（氏名表示権により著作者名を表示しない権利が認められます。）

13-5 著作権①

著作者は，著作物の**創作と同時**に著作権を取得します。以下，この著作権に含まれる権利について説明します。

1 複製権

著作者は，その著作物を複製する権利を専有します（著作権法21条）。つまり，他の者は著作者に無断で著作物を複製することができません。著作物の海賊版などの製造を防ぐことを目的としています。

複製

複製とは，印刷，写真，複写，録音，録画その他の方法により有形的に再製することを意味します（著作権法2条1項15号）。

複製の定義について，最高裁は「著作物の複製とは，既存の著作物に依拠し，その内容及び形式を覚知させるに足りるものを再製することをいうと解すべきであるから，既存の著作物と同一性のある作品が作成されても，それが既存の著作物に依拠して再製されたものでないときは，その複製をしたことにはあたらず，著作権侵害の問題を生ずる余地はない」としています（昭和50年（オ）第324号）。つまり，既存の著作物と同一の著作物がたまたま作成された場合，それは複製に当たらず，複製権の侵害とはなりません。

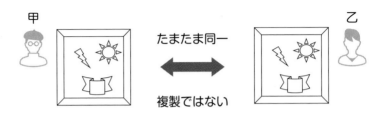

この点は，たまたま同じ創作物を完成させた場合であっても，先に出願した者に独占権を付与し，後に出願した者の実施を禁止する特許法，実用新案法お

まとめcheck　上映権は映画の著作物のみが対象となる。○か×か。

よび意匠法とは異なります。

2 上演権および演奏権

　著作者は，その著作物を，公衆に直接見せ，または聞かせることを目的として（以下「公に」）上演し，または演奏する権利を専有します（著作権法22条）。

　上演，演奏には，著作物の上演，演奏で録音され，または録画されたものを再生することを含みます。したがって，市販のCDを購入して店舗で客に聞かせる行為は演奏権を侵害する可能性があります。

3 上映権

　著作者は，その著作物を公に上映する権利を専有します（著作権法22条の2）。**上映**とは，著作物を映写幕その他の物に映写することをいい，これに伴って映画の著作物において固定されている音を再生することを含みます。映画に限らず，美術，写真等の著作物も上映権の対象となります。

4 公衆送信権および伝達権

　著作者は，その著作物について，公衆送信を行う権利を専有します（著作権法23条1項）。また，著作者は，公衆送信されるその著作物を受信装置を用いて公に伝達する権利を専有します（著作権法23条2項）。

　公衆送信には無線通信と有線電気通信のいずれも含みます。**伝達**とは，公衆送信されている著作物をリアルタイムで提示することを意味します。

　例えば，テレビ放送されている映画を大型のスクリーンに映し，料金を徴収して，大勢の人に見せる行為は伝達権を侵害する可能性があります。

5 口述権

　著作者は，その言語の著作物を公に口述する権利を専有します（著作権法24条）。**口述**とは，朗読その他の方法により著作物を口頭で伝達することを意味します。

Answer　×（映画に限らず，美術，絵画等の著作物も対象となります。）

13-6 著作権②

1 展示権

著作者は，その美術の著作物またはまだ発行されていない写真の著作物をこれらの原作品により公に展示する権利を専有します（著作権法25条）。

所有者との権利の調整

美術品の所有者とその美術の著作権者が必ずしも同一人物であるとは限りません。美術品を著作者から購入した者は，その美術品の所有者でありますが，著作権を譲り受けない限り，著作権者にはなりません。

この場合に，美術品を購入した者が著作権者の許諾を得なければ美術品を展示できないとすると，所有者の利益が害されることとなります。

そこで，著作権の効力を制限し，美術の著作物もしくは写真の著作物の原作品の所有者またはその同意を得た者については，著作権者の許諾を得なくとも，その著作物を公に展示できることとしています（著作権法45条）。

著作者　　　　　　　　　　　　　所有者
　　　　　　販売
著作権を保有　　　　　　　　　　所有権を保有

2 頒布権

著作者は，その**映画の著作物**をその複製物により**頒布**する権利を専有します（著作権法26条）。頒布とは，有償であるか，または無償であるかを問わず，複製物を公衆に**譲渡**し，または**貸与**することを意味します。頒布権は映画の著作物にのみ認められています。

まとめcheck 著作者は映画の著作物について貸与権を有する。○か×か。

映画の著作物

映画の著作物には，映画の効果に類似する視覚的または視聴覚的効果を生じ
させる方法で表現され，かつ，物に固定されている著作物を含みます。例えば，
テレビ放送されるドラマであっても映画の著作物に該当します。裁判例では，
テレビゲームが映画の著作物に当たると判断されたものがあります。

3 譲渡権

著作者は，映画の以外の著作物をその原作品または複製物の譲渡により公衆
に提供する権利を専有します（著作権法26条の2）。譲渡権は，特許権等と同
様に，著作物が適法に譲渡された後には消尽します。なお，頒布権は「譲渡」
を対象としていますが，映画の著作物の複製物が適法に譲渡されても，頒布権
は消尽しません。

4 貸与権

著作者は，映画以外の著作物をその複製物の貸与により公衆に提供する権利
を専有します（著作権法26条の3）。

	譲渡	貸与
映画の著作物	頒布権で保護	頒布権で保護
映画以外の著作物	譲渡権で保護	貸与権で保護

例えば，市販の音楽CDを無断で公衆に貸与する行為は**貸与権**を侵害する可
能性があります。一方で，映画のDVDを貸与する行為は**頒布権**を侵害する可
能性があります。

5 翻訳権，翻案権等

著作者は，その著作物を翻訳し，編曲し，もしくは変形し，または脚色し，
映画化し，その他翻案する権利を専有します（著作権法27条）。例えば，小説
の著作物は，その著作権者に無断で映画化することはできません。

著作物を翻訳し，編曲し，もしくは変形し，または脚色し，映画化し，その
他翻案することにより創作した著作物のことを二次的著作物と呼びます。

よって，著作者は二次的著作物を創作する権利を専有しているといえます。

Answer ｜ ×（映画の著作物に貸与権は認められません。）

13-7 著作権の制限①

著作権法は，著作者に著作権を付与することで著作者の財産的利益を保護しながらも，著作物の利用を一律に著作権の侵害とすることは，かえって文化の発展を阻害する場合があることから，所定の場合には著作権の効力が及ばないこととしています。

1 私的使用のための複製

私的使用のための著作物の複製は，複製権を侵害しないこととしています（著作権法30条）。例えば，外出時に音楽を聴くため，正規に購入した音楽CDから携帯音楽プレーヤーに音楽をコピーする行為は，複製権の侵害とはなりません。なお，映画の盗撮については，「映画の盗撮の防止に関する法律」において，本規定は適用除外とされ，私的使用目的であっても，複製権を侵害します。

(1) 例外

以下の場合は，私的使用の目的であっても，複製権の侵害となります。

> ① 公衆の使用に供する自動複製機器を用いた複製
>   ただし，コンビニ等に設置されているコピー機を使用して，私的使用のために文書または図画の複製を行うことは認められています。
> ② 技術的保護手段（コピープロテクション等）を回避した複製
> ③ 海賊版だと知りながら行う違法ダウンロード

(2) 付随対象著作物の利用

写真撮影の際に，本来意図した撮影対象の背景に絵画が小さく写りこんでしまう場合や，インタビューの録画の際にBGMとして流れている音楽が一緒に録音されてしまう場合には，複製権の侵害とせず，また，写真等の翻案も翻案権を侵害しないこととしています（著作権法30条の2）。

まとめcheck 私的使用のための複製が複製権を侵害することはない。○か×か。

2 検討の過程における利用

著作権者の許諾を得て著作物を利用しようとする場合等に，これらの利用について検討を行うための内部資料としての利用は著作権の侵害とはなりません（著作権法30条の3）。例えば，漫画のキャラクターの商品化に際し，著作権者から許諾を得る前に，会議資料等にキャラクターを掲載する行為や，プラモデルを試作する等，複製以外の利用も可能です。

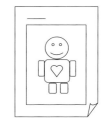

3 著作物に表現された思想または感情の享受を目的としない利用

著作物の録音・録画等の技術の開発または実用化のための試験の用に供するために著作物を利用する場合の例外です（著作権法30条の4）。例えば，テレビ番組の録画に関する技術を開発する際に，技術を検証するため，実際にテレビ番組を録画する場合や，文字の読み取り装置の技術の開発のために新聞等の文字を読み取る場合に，この例外が適用されます。

4 図書館等における複製等

図書館等は，その営利を目的としない事業として，図書館資料を用いて著作物を複製することができます（著作権法31条1項）。また，国立国会図書館は，出版物をデジタル方式により保存することができます（同条2項）。これにより，出版物を文化的遺産として保存し，将来の世代に引き継ぐことができるものとしています。

Answer ✕（例外的に複製権の侵害となる場合があります。）

13-8 著作権の制限②

1 引用による利用

　公表された著作物は，引用して利用することができます（著作権法32条）。引用による利用が認められるための要件は以下の通りです。

---
① 公表されている著作物であること
② 公正な慣行に合致すること
　　例えば，引用を行う必然性があり，言語の著作物についてはカギ括弧などにより引用部分が明確になっていること等
③ 報道・批評・研究などの引用の目的上「正当な範囲内」であること
　　例えば，引用される分量が必要最小限度の範囲内であること等
---

2 学校教育上の利用

　公表された著作物は，学校教育の目的上必要と認められる限度において，教科用図書に掲載することができ，その他，学校教育の目的において必要な範囲の利用を行えるものとしています（著作権法33条～36条）。利用に際し著作権者の許諾は必要ありませんが，教科用図書に掲載する場合には著作権者に所定の補償金を支払わなければならない等の規定がおかれています（著作権法33条2項等）。

3 障害者等のための複製等

　公表された著作物は，著作権にかかわらず，点字に訳して複製したり，聴覚障害者等のため，文字等により複製したりすることが認められています（著作

まとめcheck　引用の目的であれば，まだ公表されていない著作物を利用しても，その著作物の著作権を侵害しない。○か×か。

権法37条, 37条の2)。

4 営利を目的としない上演等

　公表された著作物は, 非営利目的で, 料金を徴収せず, 実演家等に報酬も支払わない場合には, 著作権にかかわらず, 上演, 演奏等ができることとしています（著作権法38条1項）。例えば, 学校の学芸会, 市民グループの発表会, 公民館での上映会などがあります。

5 放送される著作物の利用

　放送・有線放送される著作物は, 非営利目的で, 料金を徴収しない場合には, 著作権にかかわらず, 大型ディスプレイなどを使用して公衆に視聴させることができます。また, 通常の家庭用受信装置を用いる場合には, 営利目的であっても, 視聴させることができます（著作権法38条3項）。例えば, 食堂や理髪店等でテレビを流すことは, 通常の家庭用テレビ等を使用している場合は著作権侵害にはなりません。

6 非営利目的の貸与

　映画以外の公表された著作物は, 非営利目的で, 無料の場合には, 著作権にかかわらず, 複製物の貸与による公衆への提供を可能としています（著作権法38条4項）。例えば, 図書館による本や音楽CDの貸出しが該当します。

13-9 著作権の制限③

1 時事問題に関する論説の転載等

新聞等に掲載された論説は，利用を禁止する旨の表示がない場合，著作権にかかわらず，他の新聞等への転載，放送等が可能です（著作権法39条）。

2 政治上の演説等の利用

公開して行われた政治上の演説・陳述および裁判手続における公開陳述は，原則として，いずれの方法によるかを問わず，利用が可能です（著作権法40条）。裁判手続には特許庁などの行政庁の行う審判も含まれます。これらは広く国民に知らせるべきものだからです。

ただし，同一著作者の演説等を編集する場合は除かれます。例えば，特定の政治家の演説をまとめて演説集とする場合，その政治家の許諾が必要です。

政治家　　　　出版社　　　　演説集
　←要許諾　　　　出版→

3 時事の事件の報道のための利用

時事の事件を報道する場合，その事件が著作物に係わるときや，事件の過程において著作物が見聞されるときは，報道の目的上正当な範囲内において，複製し，当該事件の報道に伴って利用することができます（著作権法41条）。

例えば，現代絵画が盗難にあったとき，この盗難事件を報道するために，その絵画の画像をテレビで放送することは，その絵画の著作権の侵害とはなりません。

まとめcheck 特許の審査手続において，特許の明細書を複製する行為は，審査に必要な範囲であっても，明細書の著作権を侵害する。○か×か。

4 裁判手続等における複製

裁判手続に必要な場合，立法，行政目的上の内部資料として必要な場合は，複製権にかかわらず，著作物の複製を認めています（著作権法41条の2，42条）。例えば，裁判において証拠として提出するために他人の論文を複写することや，東京都知事が都議会に提出するために論文を複製することができます。特許審査手続等における複製も認められます（著作権法42条の2）。

5 WEBアーカイブのための複製

国立国会図書館の館長は，インターネット資料・オンライン資料に係る著作物を，必要と認められる限度で，国立国会図書館の使用に係る記録媒体に記録することができます（著作権法43条1項）。インターネット上の資料は日々更新や削除がされていますが，この規定により過去の資料を保存できることとしています。

6 その他の著作権の制限

著作権法は，上記の他，以下の制限を設けています。

- 行政機関情報公開法等による開示のための利用（著作権法42条の3）
- 公文書管理法等による保存等のための利用（著作権法42条の4）
- 放送事業者等による一時的固定（著作権法44条）
- 美術の著作物等の原作品の所有者による展示（著作権法45条）
- 美術の著作物等の利用（著作権法46条〜47条の2）
- 電子計算機に関する著作物の利用（著作権法47条の3〜47条の5）
- 翻訳，翻案等による利用（著作権法47条の6）

Answer　×（著作権法42条2項によって著作権の効力が制限されています。）

13-10 保護期間

著作権は，著作物の創作の時に発生し，著作者の<u>死後70年</u>を経過するまでの間存続します（著作権法51条）。例えば，著作者が著作物を創作してから30年後に死亡した場合には，著作権は100年存続することとなります。

1 著作権の発生時期

著作者が完成したと考えているか否かにかかわらず，著作物が**創作された時点**から始まります。例えば，絵画の場合，著作者が下書きと考えているものでも，思想・感情が創作的に表現されていれば，著作権が発生します。

2 共同著作物の存続期間

複数の者が共同して創作した共同著作物の場合，**最終に死亡した著作者**の死後70年となります（著作権法51条2項かっこ書）。

3 暦年主義

70年の起算日は暦年主義が採用され，**死亡した年の翌年の1月1日から起算**することとされています（57条）。例えば，著作者が6月に死亡した場合，著作権が消滅するのは翌年の1月1日から70年後になりますので，著作者の死後，約70年と6か月の存続期間が認められることとなります。

まとめcheck 著作権は，著作権の登録から著作者の死後70年まで存続する。○か×か。

4 保護期間の例外

　①無名または変名の著作物，②団体名義の著作物，および③映画の著作物の保護期間については，例外規定が設けられています。

5 無名または変名の著作物の保護期間

　無名または変名の著作物の著作権は，その著作物の<u>公表後70年</u>を経過するまでの間，存続します（著作権法52条）。無名または変名の著作物の場合，著作者の死亡時点が特定できない場合があるためです。ただし，その存続期間の満了前にその著作者の死後70年を経過していると認められる場合，死後70年を経過した時に消滅したものとされます。無名とは，著作者名が表示されていないことをいいます。変名とは，ペンネーム等，実名に代えて用いられるものをいいます。

6 団体名義の著作権の保護期間

　法人その他の団体が著作の名義を有する著作物については，著作権の保護期間は，その著作物の公表後70年（創作後70年以内に公表されなかったときは創作後70年）となります（著作権法53条）。法人等の団体の場合，著作者の死後70年という規定は適切でないことから，このような規定がおかれています。著作物が公表されない限り著作権が存続し得るというのは不合理ですので，著作物の創作後70年以内に公表されなかったときは，著作権の保護期間は創作後70年となります。

7 映画の著作権の保護期間

　映画の著作物の著作権は，その著作物の公表後70年（創作後70年以内に公表されない場合は創作後70年）存続します（著作権法54条）。著作者の数が多くなりやすい映画について，保護期間を明確にするための規定です。

Answer　×（著作権は著作物の創作の時に発生し，登録は発生要件ではありません。）

13-11 著作隣接権

著作隣接権は，実演家，レコード製作者，放送事業者，有線放送事業者に与えられる権利です。これらの者は著作物を公衆に伝達する上で重要な役割を果たしていることから，所定の保護を与えることとしています。

1 実演家

実演家とは，俳優，舞踊家，演奏家，歌手その他実演を行う者および実演を指揮し，または演出する者をいいます（著作権法2条1項）。

✎ 実演家の録音・録画権

実演家は，その実演を録音し，または録画する権利を専有します（著作権法91条）。例えば，歌手に無断でその歌唱を録音する行為は録音権を侵害する可能性があります。実演に関する著作隣接権は，その実演を行った時に始まり，その実演が行われた日の属する年の翌年から起算して70年を経過した時に満了します。

実演家

実演→著作隣接権発生　　著作隣接権消滅

70年

2 レコード製作者とは

レコードとは，物に音を固定したものをいいます。**レコード製作者**とは，レコードに固定されている**音を最初に固定した者**をいいます。

まとめcheck　　実演家は，その実演を録音し，録画する権利を専有する。○か×か。

レコード製作者の複製権

レコード製作者は，そのレコードを**複製する権利**を専有します（著作権法96条）。例えば，レコード製作者に無断で音楽CDを複製する行為は，レコード製作者の複製権を侵害する可能性があります。レコードに関する著作隣接権は，その音を最初に固定した時に始まり，その発行が行われた日の属する年の翌年から起算して70年を経過した時に満了します。

3 放送事業者

放送とは，公衆送信のうち，公衆によって同一の内容の送信が同時に受信されることを目的として行う無線通信の送信をいいます。放送事業者とは，放送を業として行う者をいいます。

放送事業者の複製権

放送事業者は，その放送を受信して，その放送に係る音または影像を録音・録画等の方法により**複製する権利**を専有します（著作権法98条）。放送に関する著作隣接権は，その放送を行った時に始まり，その放送が行われた日の属する年の翌年から起算して50年を経過した時に満了します。

4 有線放送事業者

有線放送とは，公衆送信のうち，公衆によって同一の内容の送信が同時に受信されることを目的として行う有線電気通信の送信をいいます。有線放送事業者とは，有線放送を業として行う者をいいます。

有線放送事業者の複製権

有線放送事業者は，その有線放送を受信して，その有線放送に係る音又は影像を録音・録画等の方法により**複製する権利**を専有します（著作権法100条の2）。有線放送に関する著作隣接権は，その有線放送を行った時に始まり，その有線放送が行われた日の属する年の翌年から起算して50年を経過した時に満了します。

Answer ○ （著作権法91条において実演家には録音・録画権が認められています。）

第**14**章

パリ条約

14-1 パリ条約

パリ条約は1883年にパリにおいて締結された条約であり，知的財産の国際的な保護に関して中心的な役割を果たす条約です。

パリ条約は，①特許，②実用新案，③意匠，④商標，⑤サービス・マーク，⑥商号，⑦原産地表示または原産地名称および⑧不正競争の防止，について規定しています。

1 パリ条約の三大原則

パリ条約には三大原則と呼ばれる内国民待遇の原則，優先権制度，各国特許独立の原則があります。

2 内国民待遇の原則

各同盟国の国民は，知的財産に関し，他のすべての同盟国において，その国の国民と同等の保護を受けることができるとしています（パリ条約2条）。これにより，各国が外国民を不利に扱うことを禁止し，内外国民の平等を図っています。

3 優先権制度

同盟国の国民が他の同盟国で権利取得を目指す場合，内国民待遇の原則により内国民と同様に扱われたとしても，制度の違いや言語の違いなどから外国民は内国民に比して実質的に不利な立場にあります。

そこで，パリ条約では，最初に行った出願と同じ知的財産（特許，実用新案，意匠，商標）について他の国で行った出願は，最初に行った出願と他の国の出願との間で生じた事情によっては不利に扱わないこととしています。

先の出願を行った後，優先権主張を伴う後の出願を行うことができる期間（優先期間）は，特許・実用新案では12か月，意匠・商標では6か月です。

まとめcheck　パリ条約の三大原則は「内国民待遇の原則」，「優先権制度」，「各国特許独立の原則」である。○か×か。

出願Bはこの間の事情により不利に扱われない。
→出願Bを出願Aのときに行ったような効果

4 各国特許独立の原則

　内国民待遇の原則と優先権制度の導入によって，内国民と外国民は形式的にも実質的にも平等になったように思われましたが，優先権を主張した特許が第1国（優先権主張の基礎となる出願が行われた国）の特許の変動による影響を受ける旨の規定を置く国が現れました。

　例えば，「優先権を主張した特許は第1国の特許の存続期間の満了と同時に消滅する。」という規定を置くと，優先権を主張する人に不利になります。

　このような規定を置いても，「外国民の場合には……」と規定しなければ，内国民待遇の原則には反しませんが，優先権を主張する出願の多くは外国民によって行われますので，実質的に外国民に不利な取扱いとなります。

　そこで，各国の特許を独立したものとして扱うこととする「特許独立の原則」が導入されました（パリ条約4条の2）。

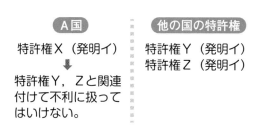

Answer　○（問題文の通りです。）

第15章

TRIPS協定

15-1 TRIPS協定

TRIPS協定は知的財産の保護強化等を目的として設けられた条約であり，1995年にWTO（世界貿易機関）の設立協定の付属書1Cとして発効されています。

1 TRISP協定成立の背景

WIPO（世界知的所有権機関）所管のパリ条約，特許協力条約，マドリッド協定議定書などの条約によっては条約違反があったとしても制裁を課すことができないことから，先進国がWTOの前身であるGATTのウルグアイラウンドに知的財産に関する協議を持ち込み，WTOの制裁措置を利用可能な条約としてTRIPS協定が作成されました。

2 TRIPS協定の保護対象

TRIPS協定は，①著作権および関連する権利，②商標，③地理的表示，④意匠，⑤特許，⑥集積回路配置，⑦非開示情報の保護について規定しています。実用新案は対象となっていません。

3 パリプラスアプローチ

TRIPS協定ではパリ条約の規定の遵守義務を定め（TRIPS協定2条1），パリ条約の保護を最低基準として更に保護を強化しています（パリプラスアプローチ）。これにより，WTO加盟国がパリ条約に違反した場合であっても，WTOの制裁措置を利用できるものとしています。

4 内国民待遇の原則

各加盟国は，知的所有権の保護に関し，自国民に与える待遇よりも不利でない待遇を他の加盟国の国民に与えなければなりません（TRIPS協定3条）。

「不利でない待遇」とありますから，他の加盟国の国民に自国民より有利な

まとめcheck WTO加盟国であるがパリ条約同盟国でない国は，パリ条約の規定を遵守する必要はない。○か×か。

待遇を与えてもよいことになります。

内国民待遇の原則は，パリ条約2条にも規定され，TRIPS協定2条1によって加盟国はその遵守義務を負いますが，パリ条約には規定されていない保護対象についても内国民待遇を義務付ける点で意義があります。

5 最恵国待遇

TRIPS協定の保護対象に対し，加盟国が他の国との間でTRIPS協定の保護を上回る取決めを締結する場合には，他の加盟国の国民にもその利益を与えなければなりません（4条）。

「他の国」はWTOの加盟国には限られません。したがって，WTO加盟国であるか否かにかかわらず，その国が最も優遇する国の国民に対して与える利益をWTO加盟国の国民にも与えることとなります。

6 内国民待遇・最恵国待遇の例外

TRIPS協定3条（内国民待遇）および4条（最恵国待遇）は，例えば，PCT，マドプロの手続については，適用されません。PCT等に加入せず，条約上の義務を負担しない国の国民がPCTの利益を受けるタダ乗り防止のためです。

例えば，台湾は，WTOに加盟していますが，PCT締約国ではありません。したがって，日本は，他の加盟国の国民にPCTルートによる出願を認めていても，台湾の国民に対してPCTルートによる出願を認める義務はありません。

【著者紹介】

伊藤　隆治（いとう　りゅうじ）

弁理士法人井上国際特許商標事務所所長。2006年弁理士試験合格。2007年から大手資格予備校にて，講師，教材制作，講座企画，スタッフの採用・指導など弁理士の受験指導に関わる業務を担当。2010年に現在所長を務める事務所に入所し弁理士登録。国内外の特許および商標を中心とする弁理士業務を行う。事務所入所後も弁理士の受験指導を継続し，指導歴は17年を超える。2017年に「KIYOラーニング株式会社」と出会い，短期間かつ低料金で弁理士試験の合格を目指せる「スタディング弁理士講座」の開発および講師を担当し，多数の合格者を輩出。弁理士になりたいと願う全ての人がそのチャンスを得られる講座を提供することを目指して奮闘中。

スタディング

スタディングは，短期間で合格した人々の勉強法を徹底的に研究することで開発したオンライン講座です。従来の資格講座とは違い，忙しい方でも効率的に勉強ができるように，独自の学習システムでスキマ時間を活かした学習に最適化されています。

弁理士スタートアップテキスト〈第2版〉

2020年 4 月10日　第 1 版第 1 刷発行	
2022年 3 月30日　第 1 版第 6 刷発行	
2023年 8 月10日　第 2 版第 1 刷発行	
2024年12月25日　第 2 版第 2 刷発行	

著　者　伊　藤　隆　治

監　修　スタディング

発行者　山　本　　　継

発行所　㈱中央経済社

発売元　㈱中央経済グループ
　　　　パブリッシング

〒101-0051　東京都千代田区神田神保町 1 - 35
電話　03 (3293) 3371（編集代表）
　　　03 (3293) 3381（営業代表）
https://www.chuokeizai.co.jp
印刷／昭和情報プロセス㈱
製本／誠　製　本　㈱

©2023
Printed in Japan